Sekundarstufe

Holger Cebulla

Wirtschaft

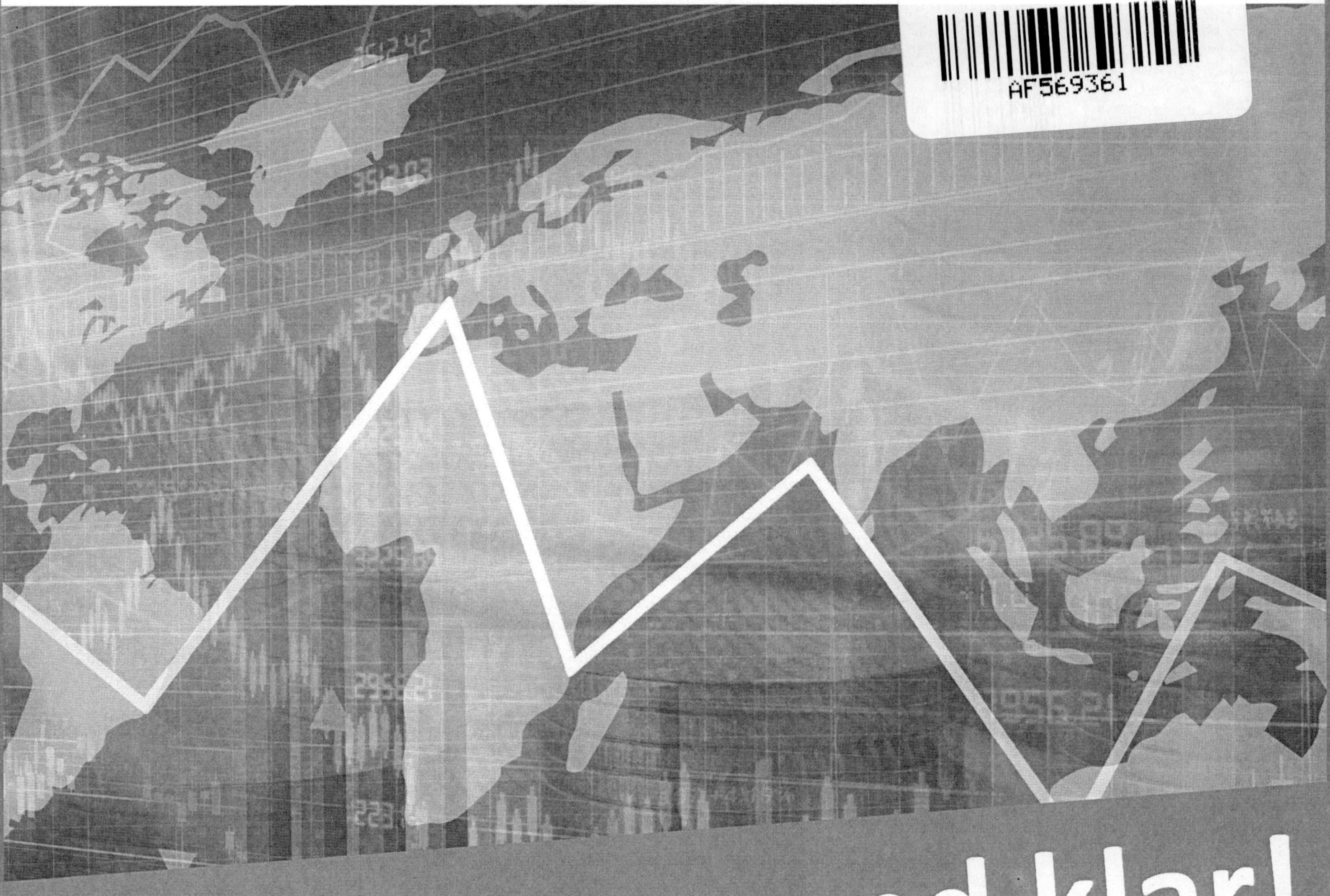

Kurz, knapp und klar!

Schnelles und zielgerichtetes Wissen

www.kohlverlag.de

Wirtschaft ... Kurz, knapp und klar!

2. Auflage 2024

Inhalt: Holger Cebulla
Coverbild: © Ольга Чукина - AdobeStock.com
Redaktion: Kohl-Verlag
Grafik & Satz: Simone Demler & Kohl-Verlag
Druck: Druckerei Flock, Köln

Bestell-Nr. 12 953

ISBN: 978-3-98558-840-4

Bildquellen © AdobeStock.com

S. 2: © Africa Studio; S. 4: © emma; S. 5: © sabelskaya; S. 7: © bsd studio; S. 8: © ZinetroN, Pineapple studio, IB Photography; S. 9: © Pineapple studio; S. 11: © klyaksun, Zaleman_Boden; S. 12: © shockfactor-de; S. 13: © oes; S. 14: © yindee; S. 15: © biscotto87, Matsabe Миша Герба, Bohdan, webstocker, Sandidwipr, alarts, Visual Generation, OlgaStrelnikova, Vikivector, Natis, VectorBum, petovarga, LadadikArt; S. 17: © Imagine; S. 18: © kabu; S. 19: © Tartila; S. 21: © ONYXprj, lembergvector; S. 24: © Jürgen Fälchle, S. 26: © Rabbit tail; S. 29: © 3dddcharacter; S. 31: © robu_s; S. 32: © Macrovector; S. 34: © abcmedia; S. 36-37: © HilaryDesign; S. 38: © lyudinka; S. 40: © Fiedels; S. 41: © myfoto7; S. 43: © nali; S. 45: © Sajjad-Farooq-Baloch, Dvarg, Elena Iakovleva; S. 46: © stockphoto-graf, Pharanyu; S. 47: © paul_craft; S. 48: © takasu; S. 50: © Silke Koch; S. 51: ©thingamajiggs; S. 52: © Grecaud Paul; S. 53: © Neyriss; S. 55: © Rawpixel.com; S. 56: © Henry_b; S. 57: © Faferek; S. 62: © tynyuk; S. 68: © Dan Race; S. 72: © klyaksun, Zaleman_Boden;

Bildquellen © wiki.com

S. 33: © Basis2005; S. 37 + 39: © Bernard Ladenthin;

Inhaltsverzeichnis

Vorwort

Liebe Kolleginnen, liebe Kollegen,

wie Wirtschaft funktioniert, wie Nachrichten über wirtschaftliche Vorgänge und Entscheidungen der Regierung zu interpretieren sind und wie die aktuelle wirtschaftliche Lage einzuschätzen ist, hierzu soll dieses Skript Wissen vermitteln.

In kompakter Form werden wichtige Themenbereiche der Wirtschaft referiert, dann zu diesen Bereichen Aufgaben gestellt, die vor allem auch einen Alltagsbezug für die Schüler haben. Im vorletzten Teil wird anhand von komplexeren Fragestellungen das Gelernte noch einmal wiederholt und vertieft. Fragen zur aktuellen Entwicklung der deutschen Wirtschaft schließen sich an.

Das Skript ist auch als Ergänzung zu herkömmlichen Lehrbüchern gedacht und zur Wiederholung und Vertiefung des Wissens. Je nach Vorkenntnissen oder dem Leistungsniveau können die Materialien gemeinsam oder in Einzelarbeit verwendet werden. Sie eignen sich auch für den Einsatz bei Vertretungsstunden oder beim Distance Learning.

Der Autor hofft, dass die Schüler nach Durcharbeiten seines Skripts nun bei Wirtschaft „voll mitreden" können.

Viel Freude und Erfolg beim Einsatz der Kopiervorlagen wünscht Ihnen und Ihren Schülern das Team des Kohl-Verlages und

Holger Cebulla

1 Was unter Wirtschaft zu verstehen ist

Wenn du Bedürfnisse hast, z. B. einen Burger essen, dir eine neue Hose oder ein neues Handy kaufen, in die Disco gehen etc., dann ist es für dich wahrscheinlich selbstverständlich, dir diese Bedürfnisse zu befriedigen – vorausgesetzt natürlich, du hast dafür genug „Knete". Aber hast du dich schon mal gefragt, wie es kommt, dass es für deine Bedürfnisse Waren gibt? Und wie, warum und von wem diese produziert wurden? Oder anders formuliert, wie funktioniert eigentlich Wirtschaft?

Kurz und einfach gesagt: Unternehmen produzieren Waren und Dienstleistungen, weil sie so Gewinn machen wollen. Aus den Verkaufserlösen seiner Waren bestreitet der Unternehmer seine bei der Produktion angefallenen Kosten und zum Schluss bleibt für ihn (hoffentlich) noch ein Gewinn übrig, sein Einkommen. Damit Waren produziert werden können, braucht man Rohstoffe, Werkhallen, Maschinen und vor allem Arbeiter, die mit diesen ein fertiges Produkt erstellen. Das machen sie natürlich nicht umsonst, sondern nur gegen Lohn. Von diesem kaufen sie sich dann Waren und Dienstleistungen gemäß ihren Bedürfnissen. Dabei „treffen" sich Konsumenten und Anbieter auf Märkten und es bildet sich dabei der Preis für die Waren. Diese gegenseitigen Beziehungen der am Wirtschaftsprozess Beteiligten bezeichnet man als Wirtschaftskreislauf.

Aufgabe 1: *Erkläre kurz in Stichworten die Bedeutung folgender Begriffe aus der Wirtschaft:*

Bedürfnisse: ______________________________

____

Waren: ______________________________

____

Dienstleistungen: ______________________________

____

Produktionskosten: ______________________________

____

Gewinn: ______________________________

____

Lohn: ______________________________

____

Markt: ______________________________

____

Wirtschaftskreislauf: ______________________________

____

Aufgabe 2: *Überlege kurz, welche Bedürfnisse du dir zuerst befriedigst, welche danach und welche zum Schluss. Notiere sie.*

____

____

____

____

1 Was unter Wirtschaft zu verstehen ist

Aufgabe 3: *Es gehören jeweils ein linker und ein rechter Abschnitt zusammen. Trage hierzu die passenden Zahlen in die leere Spalte ein. Die Buchstaben (rechts) ergeben der richtigen Reihe nach einen Lösungssatz.*

_ macht die Wirtschaft.

1 2 3 4 5 6 7 8 9 10 11 12 13 14 15 16 17 18 19 20 21 22 23 24 25

Arbeitslosenquote	**1**
Zinsen	**2**
Währung	**3**
Konjunktur	**4**
Rezession	**5**
Inflation	**6**
Wirtschaftssektoren	**7**
Urproduktion = primärer Sektor	**8**
Weiterverarbeitung = sekundärer Sektor	**9**
Dienstleistungen = tertiärer Sektor	**10**
Quartärer Sektor	**11**
Haushalte	**12**
Marktpreisbildung	**13**
Minimalprinzip	**14**
Produktionsfaktoren	**15**
Bruttoinlandsprodukt	**16**
Einkommensteuer	**17**
Globalisierung	**18**
Kaufkraft	**19**
Zölle	**20**
Europäische Union	**21**
Ausland	**22**
Kapital	**23**
Konzern	**24**
Soziale Marktwirtschaft	**25**

Nr.	Beschreibung
	In diesen werden wirtschaftlich betrachtet Güter und Dienstleistungen konsumiert. **(N)**
	Wert aller innerhalb eines Jahres auf dem Gebiet eines Landes erzeugter Waren, bewertet in der Währung dieses Landes. **(E)**
	Durch Angebot und Nachfrage auf einem Markt bilden sich die Preise der dort gehandelten Produkte. **(I)**
	Erzeugung der Rohstoffe und die Landwirtschaft. **(K)**
	Die wirtschaftlichen Beziehungen zwischen den Staaten auf der Welt. **(D)**
	Faktoren, die benötigt werden, um Güter und Dienstleistungen zu produzieren, wie Boden, Arbeit und Kapital. **(R)**
	Für den Kauf einer Ware möglichst wenig eigene Mittel ausgeben. **(E)**
	Umfasst hochwertige und spezialisierte Dienstleistungen im Bereich der Informationsverarbeitung. **(O)**
	Das Auf und Ab des Wirtschaftswachstums, gemessen am BIP. **(#)**
	Anzahl der momentanen Arbeitslosen, ausgedrückt in einer Prozentzahl als Verhältnis zu der Anzahl der beschäftigten Arbeitnehmer **(E)**
	Eine Konjunkturphase, bei der das BIP zurückgeht. **(F)**
	Wieviel Prozent muss ich monatlich bei einem aufgenommenen Kredit an die Bank bezahlen? **(I)**
	Der Wert des Euro im Verhältnis zu anderen Währungen, z. B. dem Dollar. **(N)**
	Wirtschaftlich betrachtet versteht man darunter alle Waren und Dienstleistungen, die in andere Ländern exportiert und aus diesen importiert werden. **(L)**
	Unterteilung der Wirtschaft in 3 bzw. 4 Bereiche. **(N)**
	Zusammenschluss von 27 Staaten im Euro-Raum. Freier Handel zwischen diesen ohne Zölle etc. **(#)**
	Rohstoffe werden zu Konsum- und Produktionsgütern verarbeitet. **(T)**
	Steigen der Preise für die Waren im sogenannten Warenkorb. Die Kaufkraft geht durch einen Anstieg zurück. **(U)**
	Müssen Arbeitnehmer und Selbständige von ihrem Einkommen an den Staat bezahlen. Die prozentuale Höhe der Steuern richtet sich nach der Höhe des Verdienstes. **(N)**
	Wieviel Güter kann ich mir mit meinem Einkommen kaufen. **(E)**
	Wirtschaftssystem, bei dem der Staat ins Marktgeschehen eingreift und die Bevölkerung sozial absichert und unterstützt. **(D)**
	Abgaben bei Ein- und Ausfuhr von Waren in andere Länder. **(S)**
	Geld, welches für den Kauf von Produktionsgütern bereitgestellt wird. **(A)**
	Handel, Transport, Banken, Versicherungen, sonstige Dienstleistungen (z. B. Friseure, Steuerberater). **(I)**
	Zusammenschluss von bisher eigenständigen Unternehmen. **(N)**

KOHL VERLAG Wirtschaft ... Kurz, knapp und klar! – Bestell-Nr. 12 953

2 Bedürfnisse, Bedarf und Nachfrage

Aufgabe 1: *Im folgenden Text, der Bedürfnisse, den Bedarf und die Nachfrage erläutert, haben sich Fehler eingeschlichen. Korrigiere diese.*

Jeder Mensch hat Wünsche, die er sich sofort erfüllen möchte. Wirtschaftlich betrachtet nennt man diese Wünsche Bedarf und versteht darunter ein Mangelempfinden mit dem Wunsch, diesen Mangel zu beseitigen. Da die Bedürfnisse des Menschen zwar vielfältig, individuell aber letztlich dann doch gleich sind, werden sie unter dem Aspekt der Dringlichkeit unterschieden, das heißt welche Bedürfnisse zuerst befriedigt werden müssen, welche dann realisiert werden können und welche zum Schluss. So werden Bedürfnisse nach Kulturbedürfnissen, Existenzbedürfnissen und Luxusbedürfnissen unterschieden.

Man kann Bedürfnisse auch noch unter dem Aspekt unterscheiden, ob sie mit Waren befriedigt werden können (= immaterielle Bedürfnisse) oder nicht (= materielle Bedürfnisse). Deine Bedürfnisse nach Anerkennung, Liebe, Geborgenheit etc. sind mit Waren nur zweitrangig zu realisieren, aber durch dein eigenenes Tun kannst du sie dir selbst erfüllen, indem du dich so verhältst, dass andere dich respektieren, dich mögen, dir vertrauen, dich lieben etc. Für die Wirtschaft sind allerdings nur die immateriellen Bedürfnisse interessant, denn nur mit ihnen kann man durch den Kauf von Gütern und Dienstleistungen Geld verdienen, mit materiellen ist das nicht möglich. Blickst du auf deinen Kontostand, wirst du häufig feststellen, dass viele Wünsche von dir nie zu befriedigen sein werden. Deine Bedürfnisbefriedigung wird also durch den Bedarf begrenzt, worunter man alle Mittel versteht, die einem zur Realisierung seiner Bedürfnisse zur Verfügung stehen. Wesentlich für die Verbraucher ist dabei, ob man mit diesen Nachfrage ausübt, das heißt etwas kauft, oder sein Geld auf dem Konto belässt.

Aufgabe 2: **a)** *Überlege, welche Bedürfnisse du dir im Laufe der letzten Woche befriedigt hast und ob diese Existenz-, Kultur- oder Luxusbedürfnisse waren und trage sie in eine Tabelle (siehe unten) in deinem Heft ein.*

Existenzbedürfnisse	Kulturbedürfnisse	Luxusbedürfnisse

b) *Nenne dann immaterielle Bedürfnisse, die du befriedigen konntest. (Tausche dich auch mit Freunden aus, bespreche mit diesen deren Bedürfnisse und vergleiche sie mit deinen.)*

____

____

____

____

KOHL VERLAG Wirtschaft ... Kurz, knapp und klar! – Bestell-Nr. 12 953

2 Bedürfnisse, Bedarf und Nachfrage

Aufgabe 3: *120 Euro pro Monat stehen dir als Bedarf zur Verfügung. Die hier genannten Wünsche möchtest du dir erfüllen. Deren Kosten stehen in den Klammern dahinter. Wann wäre dein Bedarf erschöpft? Auf welche Bedürfnisse würdest du daher verzichten, auf welche nicht?*

Bahnticket, um endlich mal wieder einen alten Freund zu besuchen (19 Euro)

Kauf eines Pullis (56 Euro)

Kauf eines Big Mac bei McDonalds (5,29 Euro)

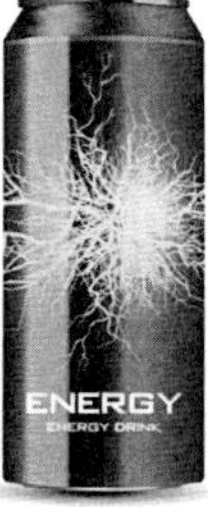

Kauf von 3 Dosen Energy Drink (3,90 Euro)

Die Freundin ins Kino einladen (zusammen 18 Euro)

Ein neuer Speicherstick für dein Tablet (12 Euro)

Besuch des Stadions, in dem deine Fußballmannschaft um den Meistertitel spielt (= 30 Euro)

____

____

____

Aufgabe 4: *Kreuze an, welche der Aussagen richtig und welche falsch sind, und schreibe eine Begründung in dein Heft. (Vergleiche anschließend mit deinen Klassenkameraden bzw. Freunden deine Antworten und diskutiere diese mit ihnen.)*

		Richtig	Falsch
a)	Nachfrage bedeutet, Dienstleistungen zu erwerben.		
b)	Bedürfnisse sind unbegrenzt, aber der Bedarf begrenzt diese.		
c)	Mit Luxusbedürfnissen können Unternehmen den meisten Umsatz machen.		
d)	Die meisten Bedürfnisse sind immaterielle.		
e)	Belassen viele Bürger ihr Geld auf dem Konto, reduziert sich der Gewinn von Unternehmen.		
f)	Im Sommer ins Freibad zu gehen ist ein Kulturbedürfnis.		
g)	Whiskey ist ein Grundnahrungsmittel und somit ein Existenzbedürfnis.		

KOHL VERLAG Wirtschaft ... Kurz, knapp und klar! – Bestell-Nr. 12 953

2 Bedürfnisse, Bedarf und Nachfrage

Aufgabe 5: Die Wirtschaftslehre unterteilt Bedürfnisse auch in Individual- und Kollektivbedürfnisse. Die Befriedigung der Individualbedürfnisse ist allein möglich, die der Kollektivbedürfnisse nur zusammen mit anderen. Die Mittel zur Befriedigung der Kollektivbedürfnisse stellt in der Regel der Staat zur Verfügung, z. B. den Strom für die Haushalte, denn er ist für Gemeinschaftsaufgaben verantwortlich.

Sind die hier genannten Bedürfnisse Kollektivbedürfnisse oder Individualbedürfnisse? Kreuze an und begründe deine Meinung jeweils immer gleich unter dem Text.

		Kollektiv-bedürfnis	**Individual-bedürfnis**
a)	Essen eines Burgers bei McDonalds zusammen mit deiner Clique. __________ __________		
b)	Entsorgen des Mülls, der in eurer Wohnung anfiel, durch die Müllabfuhr. __________ __________		
c)	Nachhilfe in Mathe durch einen Kumpel von dir. __________ __________		
d)	Entspannung nach einem stressigen Schultag bei einer Netflix-Serie. __________ __________		
e)	Gute Zensuren in der Schule __________ __________		
f)	Betreiben von Krankenhäusern __________ __________		
g)	Besuch einer Theateraufführung __________ __________		
h)	Die Polizei stoppt einen Autofahrer, der zu schnell gefahren ist. __________ __________		

3 Die Produktionsfaktoren

Stell dir einmal das VW-Werk, einen Döner-Imbiss und den öffentlichen Nahverkehr mit seinen Bussen und Bahnen vor. Was haben diese drei Unternehmen gemeinsam? Richtige Antwort: Die drei Produktionsfaktoren Boden (auch als Natur bezeichnet), Arbeit und Kapital. Denn um Güter herstellen zu können oder Dienstleistungen anzubieten, müssen diese drei so miteinander kombiniert werden, dass daraus ein Produkt entsteht.

Aus dem **Boden** werden Rohstoffe abgebaut, z. B. Eisenerze, Kupfer, Aluminium, aus denen Güter bestehen, und er liefert auch die Energieträger wie Kohle, Gas, Erdöl, aber auch Sonne und Wind, um etwas produzieren zu können. Für Landwirte ist der Boden die Fläche, auf der sie Getreide anbauen, aber auch Kühe ihre Nahrung finden. Boden ist auch der Standort, auf dem Betriebe ihre Fabriken errichten.

Um aus den Rohstoffen nun Güter zu produzieren, braucht man Arbeiter, denn Rohstoffe schießen nicht automatisch aus dem Boden und das Getreide sät bzw. erntet sich nicht von selbst. Unter dem Produktionsfaktor **Arbeit** wird jede Art körperlicher bzw. geistiger Tätigkeit von Menschen verstanden, die damit ein Einkommen erzielen. Wie gut sie arbeiten, hängt vor allem von ihrer Berufsausbildung und ihrer Einstellung zur Arbeit ab, beispielsweise ihrer Teamfähigkeit.

Um arbeiten zu können, benötigen die Arbeiter Werkzeuge, Maschinen, Roboter, Computer mit Programmen etc. Diese Güter wurden nicht für den Konsum produziert, sondern um andere Güter erzeugen zu können, man nennt sie Produktionsgüter und bezeichnet sie als das **Kapital** eines Unternehmens. Der Produktionsfaktor Kapital darf aber nicht mit Geld gleichgesetzt werden. Geld ist nur dann Kapital, wenn es die Unternehmen zur Finanzierung von Produktionsgütern verwenden, nicht aber, wenn damit Konsumgüter gekauft werden.

Aufgabe 1: *Verbinde die Satzanfänge mit den richtigen Satzenden und bringe dann die Sätze links durch Nummern in die richtige Reihenfolge. Liest du dann den ganzen Text noch einmal durch, ergeben die markierten Buchstaben ein Lösungswort:* __ __ __ __ __ __ __ __ __ __

1 2 3 4 5 6 7 8 9 10

	Banken leihen ihnen dieses gegen
	Diese sind auch entscheidend dafür,
	Durch den technischen Fortschritt werden immer mehr
	Bei der Auswahl eines Standortes für die Produktion ist mitentscheidend,
	Solche sogenannten Schlüsselqualifikationen sind sehr
	Die Arbeitseinstellung des Einzelnen wird heute neben
	Die Lohnkosten für diese sollten
	Das ist vor allem der Grund dafür, dass sich Arbeit von der
	Daher ist es wichtig, dass sich der Produktionsfaktor
	Der Einsatz von Robotern erfordert erstmal

entsprechende Zinsen und Sicherheiten.
aber nicht zu hoch sein.
dass sich die Arbeitsproduktivität sehr gesteigert hat in den letzten 15 Jahren.
ob es dort qualifizierte Arbeitskräfte gibt.
körperlichen auf die geistige Ebene verlagert.
sehr viel Kapital von den Unternehmen.
dem Fachwissen ein immer wichtigerer Faktor.
Arbeit ständig weiterbildet.
Maschinen und Roboter bei der Produktion von Gütern eingesetzt.
entscheidend für den Produktionsfaktor Arbeit geworden.

3 Die Produktionsfaktoren

Aufgabe 2: *Das Schaubild stellt den Produktionsprozess dar. Setze die Begriffe aus dem Kasten an den richtigen Stellen ein.*

Arbeit – Betrieb – Bezahlung – Boden – Energie – geistige – Gewinn – Maschinen – Produktionsfaktoren – Produktionsprozess – Werkzeuge

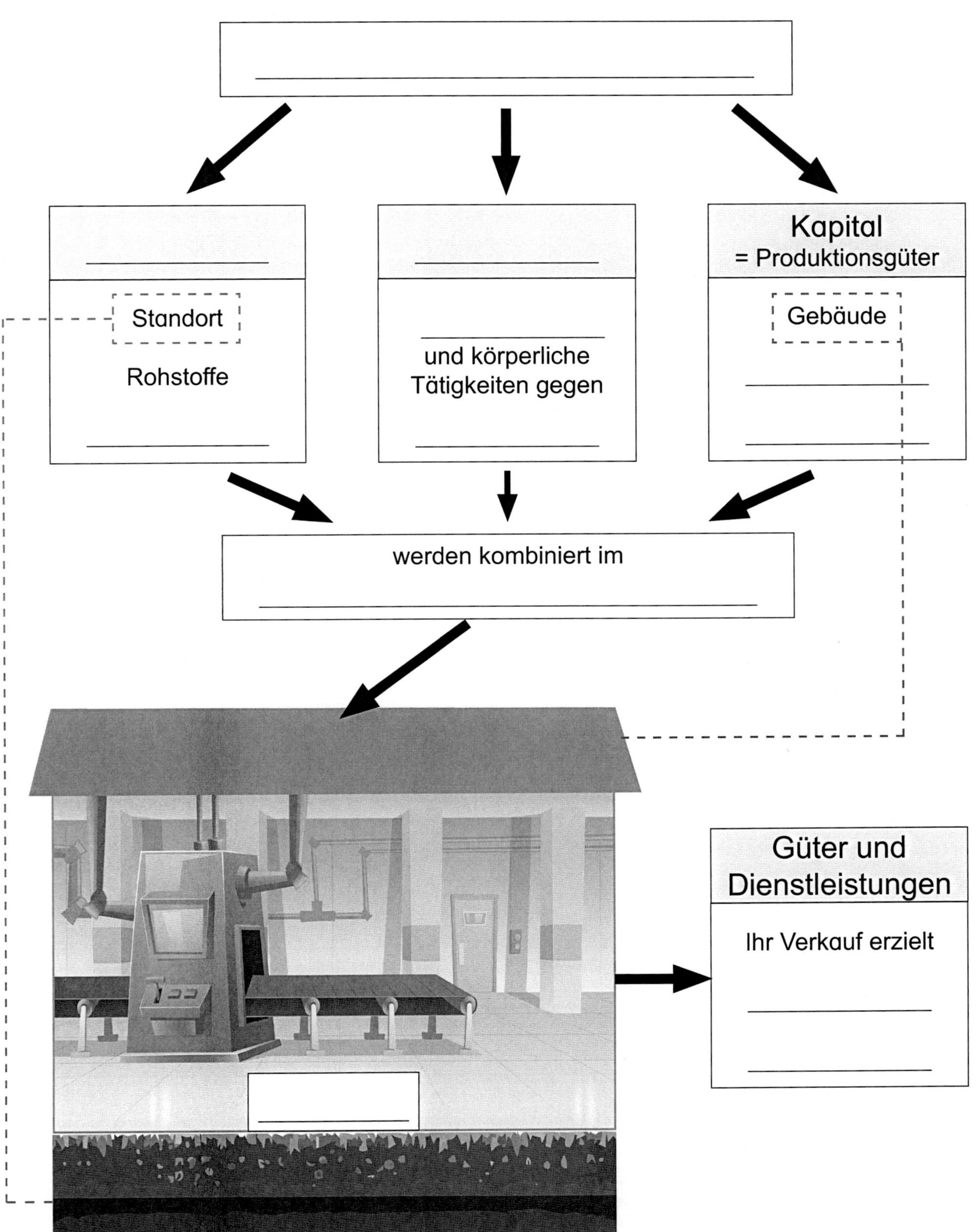

Wirtschaft ... Kurz, knapp und klar! – Bestell-Nr. 12 953

3 Die Produktionsfaktoren

Aufgabe 3: *In der Wirtschaftslehre wird zwischen einem **Ab**bau- und einem **An**bauboden unterschieden. Erläutere, was damit gemeint ist und worin der Unterschied besteht.*

Aufgabe 4: *Für einen neuen Betrieb wird ein passender Standort gesucht. Überlege bei jedem der sechs Betriebe, welcher Orientierungsfaktor für den auszuwählenden Standort am wichtigsten ist und trage rechts a), b), c) … oder f) ein. Notiere anschließend darunter, warum du dich jeweils für genau diesen Faktor entschieden hast.*

a) Wieviel ähnliche Betriebe gibt es am Standort?

b) Sind qualifizierte Arbeitskräfte vor Ort vorhanden?

c) Die Höhe der Gewerbesteuer am Standort

d) Gute Straßenanbindungen

e) Orientierung an landschaftlichen Gegebenheiten, um die Ware zu den Kunden bringen zu können.

f) Können speziell qualifizierte Arbeitskräfte beschafft werden?

Betrieb	Orientierungsfaktor
Ein Döner Restaurant:	
Eine Werft zum Bau von Containerschiffen:	
Ein Online-Handel für hochwertige Elektronik-Artikel:	
Ein Startup für die Buchhaltung bei Kleinbetrieben:	
Dienstleistungen für häusliche Pflege:	
Eine Autowerkstatt in einem neu entstandenen Wohngebiet:	

3 Die Produktionsfaktoren

Aufgabe 5: *Herr Hetzmichnicht ist Hausmann und Vater. Er kocht das Essen für die Familie, wäscht die Wäsche, putzt die Wohnung und erledigt die Einkäufe, bringt die Kinder mit seinem Auto zur Schule, hilft ihnen bei den Schulaufgaben, kümmert sich um den Garten hinter dem Haus und erledigt weitere Aufgaben im Haushalt. Wirtschaftlich gesehen ist er aber kein Produktionsfaktor. Begründe, warum das so ist.*

____

____

____

Aufgabe 6: *Stell dir einmal vor, du hättest 1000 Euro auf deinem Konto. In welchen der folgenden Beispiele, für die du diese 1000 Euro verwendest, würden sie zu Kapital, in welchen nur zu Konsum? Begründe deine Entscheidungen stichwortartig darunter.*

		Kapital	Konsum
a)	Du kaufst dir einen neuen Laptop, den du auch für deine Hausaufgaben verwendest.		
b)	Du leihst das Geld einem Freund, der sich mit einem Startup selbständig machen will. Er wird dich an einem möglichen Gewinn beteiligen, verspricht er dir.		
c)	Du belässt das Geld zuerst einmal auf deinem Sparbuch. Ein Teil des Geldes und die inzwischen angefallenen Zinsen verwendest du am Ende des Jahres für den Kauf eines neues Smartphones.		
d)	Du hebst Geld von deinem Konto ab und machst einen zweimonatigen Urlaub in Frankreich.		
e)	Du kaufst dir dafür Aktien von Facebook an der Börse.		

KOHL VERLAG Wirtschaft ... Kurz, knapp und klar! – Bestell-Nr. 12 953

4 Wirtschaftssektoren

Alle Unternehmen einer Volkswirtschaft kann man in drei Bereiche unterteilen:

Zum ersten (= primären) Sektor gehören alle Betriebe, die Rohstoffe und Energie erzeugen, auch die Landwirtschaft zählt dazu.

Im zweiten (= sekundären) Sektor sind Betriebe angesiedelt, die die Rohstoffe zu Konsumgütern weiterverarbeiten, aber auch Maschinen, Roboter etc. für andere Betriebe produzieren.

Im dritten (= tertiären) Sektor, auch Dienstleistungsbereich genannt, findet man z. B. Supermärkte, Speditionen, die Deutsche Post, den öffentlichen Nahverkehr, das Gastgewerbe, das Gesundheitswesen, das Bildungswesen, Rechtsanwälte, Friseure etc. Charakteristisch für den tertiären Bereich ist, dass er selbst keine Waren erzeugt, sondern eben nur Dienste für die Verbraucher leistet.

Dienstleistungen, die hochspezialisierte Kenntnisse ihrer Beschäftigten voraussetzen, werden neuerdings einem vierten (= quartären) Sektor zugeordnet, beispielsweise Branchen, die sich mit der Erstellung, Verarbeitung und dem Verkauf von Informationen beschäftigen (z. B. Google, Facebook) oder in der Nanotechnologie und Biotechnologie tätig sind.

<u>**Aufgabe 1**</u>: *Die Sätze in der linken Spalte findest du in einem Lehrbuch für Wirtschaftslehre. Ordne diesen Sätzen jeweils die richtige Erklärung in der rechten Spalte zu, indem du Verbindungslinien einzeichnest. Die Buchstaben ergeben der Reihe nach das Lösungswort.*

Bei allen Sektoren geht es um _ _ _ _ _ _ _ _ _ _ .

Der tertiäre Wirtschaftssektor stellt keine eigenen Waren her.	**1**
Der Handel übernimmt für die Haushalte die Lagerhaltung.	**2**
Der Handel hat die Aufgabe der Sortimentsbildung.	**3**
Kundenberatung ist eine wesentliche Aufgabe des stationären Handels.	**4**
Die Einführung neuer Produkte am Markt ist eine weitere Aufgabe des Handels.	**5**
Der quartäre Sektor erstellt hochspezialisierte Dienstleistungen.	**6**

RS	Gäbe es keine Supermärkte, müssten sich die Haushalte für viele Waren beständig einen relativ großen Vorrat anlegen, um diese immer rechtzeitig zur Verfügung zu haben.
G	Firmen in diesem Bereich verdienen ihr Geld z. B. mit der Verarbeitung und dem Verkauf von Informationen, der Optimierung von Produktionsprozessen, der Beratung von Unternehmen z. B. zur Steuereinsparung.
N	Von neu auf den Markt gebrachten Waren werden in der Werbung die Vorzüge dargestellt und meist ein günstiger Einführungspreis genannt.
GU	Ist sich ein Kunde unschlüssig, welche Ware seinen Bedürfnissen am besten entsprechen würde, kann er sich an einen Verkäufer wenden.
VE	Zu diesem Sektor gehören u. a. Verkäuferinnen, Bankangestellte, Lokführer, Angestellte bei der Post, Lagerarbeiter, Sachbearbeiter beim Arbeitsamt.
OR	Den Kunden werden Waren nach Art, Menge, Qualität und Preis in den Geschäften präsentiert.

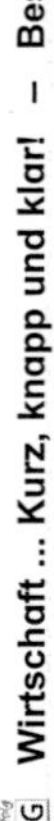

Wirtschaft ... Kurz, knapp und klar! – Bestell-Nr. 12 953

4 Wirtschaftssektoren

Aufgabe 2: *Du findest hier Bilder, die Waren bzw. Dienstleistungen symbolisieren. Lege die Waren jeweils in die Körbe für die vier Wirtschaftssektoren, indem du jeweils zum richtigen Korb eine Linie malst. Bedenke dabei, dass die Waren entweder in den Sektoren produziert wurden oder für diese Voraussetzungen sind, um Dienstleistungen zu erbringen. So können sie auch in zwei Körben liegen.*

KOHL VERLAG Wirtschaft ... Kurz, knapp und klar! – Bestell-Nr. 12 953

4 Wirtschaftssektoren

Aufgabe 3: *Vervollständige das Schaubild mit den Begriffen aus dem Kasten. Welche Bereiche gibt es in der Wirtschaft? Welche Betriebe sind in diesen zu finden und wie hängen sie zusammen?*

Bildungswesen – Biotechnologie – Erdöl – Fischerei – Freizeitartikel – Handel – Kleidung – Kupfer – Lieferung – Rechtsanwälte – Rohstoffe – Werkzeuge – Windkraft-Strom

Primärer Sektor

Erzeugung von Rohstoffen und Energie:
Eisenerze, Nickel, ________________, Lithium, Gas, ________________, ________________, Landwirtschaft, Forstwirtschaft, ________________

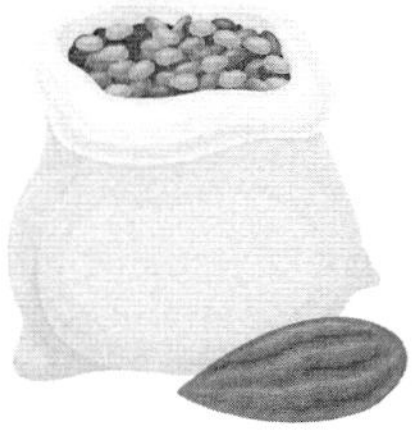

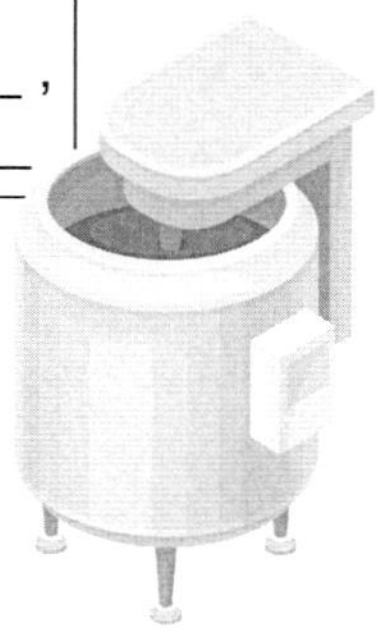

↓

Weiterverarbeitung der ________________

↓

Sekundärer Sektor

Herstellung von Konsum- und Produktionsgütern:
Verarbeitete Nahrung, ________________, ________________, Maschinen, ________________

↓

________________ der Güter

↓ ↓

Tertiärer Sektor

Dienstleistungen, keine Herstellung materieller Güter:
________________, Transportunternehmen, Öffentlicher Nahverkehr, Friseure, Gesundheitswesen, ________________, ________________, Restaurants

Quartiärer Sektor

Hochwertige, spezialisierte Dienstleistungen:
Verarbeitung und Verkauf von Informationen, Wirtschaftsberatung, ________________, Nanotechnologie

Aufgabe 4: *Schreibe in dein Heft:*

a) *Fast 70 % der Beschäftigten sind heute in Deutschland im tertiären Bereich tätig. Überlege, warum in diesem Bereich immer mehr Arbeitnehmer beschäftigt sind.*

b) *Fallen dir typische Berufe für diesen Bereich ein?*

Aufgabe 5: *Letztes Jahr sind die Preise für fast alle Waren und Dienstleistungen um 9 % gestiegen. Du liest, dass der Handel immer auf seine angebotenen Waren, die er bei den Erzeugern einkauft, 30 % aufschlägt. Wäre es eine gute Idee, nicht mehr im Handel, sondern direkt von den Erzeugern zu kaufen, also im sekundären Bereich? Erläutere in deinem Heft.*

5 Bruttoinlandsprodukt und Bruttonationalprodukt

Stell dir einmal vor, alle Güter und Dienstleistungen, die in Deutschland innerhalb eines Jahres erzeugt wurden, liegen auf einem riesengroßen Areal. Du würdest wohl kaum sagen können, wie viele Güter bzw. Dienstleistungen das sind. Daher bewertet man die Wirtschaftsleistung eines Landes anders: Das Statistische Bundesamt zählt deren Verkaufspreise zusammen, so entsteht eine bestimmte Zahl, die die Wirtschaftskraft Deutschlands in einem Jahr darstellt, was als Bruttoinlandsprodukt (= BIP) bezeichnet wird.

Ein Plus oder ein Minus gegenüber dem letzten Jahr wird in einer Prozentzahl angegeben. Vergleicht man die BIPs einzelner Staaten miteinander, so drückt das BIP aus, in welchem Land sich die Bevölkerung die meisten Bedürfnisse befriedigen konnte, welches also am produktivsten wirtschaftete.

Produktionsleistungen (z. B. Heimwerkerarbeiten), die die privaten Haushalte für sich selbst erbringen, werden allerdings im BIP nicht erfasst.

Wenn allerdings ein deutscher Arbeitnehmer im Ausland arbeitet, geht seine Arbeitsleistung nicht ins deutsche BIP mit ein, wohl aber ins BIP des Landes, in dem er tätig ist. Fügt man alle Waren und Dienstleistungen, die Deutsche in einem anderen Land erzeugten, dem BIP hinzu, bekommt man das Bruttonationalprodukt (= BNP). Natürlich muss man dann im Gegenzug die Güterproduktion abziehen, die Arbeiter, welche keine Deutschen sind, in Deutschland erstellten. Das BNP gibt also an, wie hoch der Wert aller Waren und Dienstleistungen ist, die Deutsche weltweit erzeugt haben.

Aufgabe 1: **a)** *Recherchiere im Netz die Werte der in der Tabelle angegebenen Begriffe für das verflossene Jahr.*

Daten Stand 2021	**Deutschland**	**Frankreich**	**Russ-land**
Bruttoinlandsprodukt pro Kopf in Euro			
Anteil Land- und Forstwirtschaft am BIP in %			
Anteil produzierendes Gewerbe in %			
Anteil Dienstleistungen in %			
Arbeitslosenquote in %			
Wirtschaftswachstum in %			
Inflationsrate in %			
Außenhandelsbilanz in Milliarden Euro			

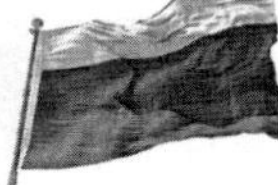

b) *Welche Unterschiede siehst du zwischen den drei Staaten?*

5 Bruttoinlandsprodukt und Bruttonationalprodukt

Aufgabe 2: *Welche der folgenden Beispiele fließen in das BIP mit ein, welche nicht? Kreuze an. Begründe dann deine Entscheidungen stichwortartig in deinem Heft.*

	Erfassung im BIP:	**ja**	**nein**
a)	Du hast dein Zimmer neu tapeziert.		
b)	Herr Meyer arbeitet als Maurer 4 Wochen auf Montage in Kopenhagen.		
c)	Ein Krankenpfleger macht Nachtschicht.		
d)	Frau Obstich gibt ihrem Nachbarn selbst gezogene Gurken, er bedankt sich dafür und gibt ihr 10 Euro.		
e)	Eine Mutter pflegt ihr Kind, das an Grippe erkrankte.		
f)	Herr Schwarze macht nach Feierabend noch Schwarzarbeit.		
g)	Ein Arzt behandelt einen Patienten, dieser ist privat versichert.		
h)	Du bestellst bei Amazon ein Buch über Wirtschaftslehre, vergisst aber, die Rechnung zu überweisen. Nach einem halben Jahr hast du noch immer keine Mahnung bekommen.		
i)	Du machst Urlaub in Spanien.		
j)	Du bezahlst deinen Friseur per Karte.		
k)	Ein Anwalt vertritt einen Mandanten vor Gericht, dieser hat eine Rechtsschutzversicherung.		
l)	Du erhältst Nachhilfe im Rahmen einer AG deiner Schule, dafür brauchen deine Eltern nichts zu bezahlen.		

Aufgabe 3: **a)** *Erstelle die „Formel" für das BIP von Deutschland.*

____

____

____

b) *Erstelle die „Formel" für das BNP von Deutschland.*

____

____

____

____

Hinweis: Dabei werden stets die Verkaufspreise berücksichtigt.

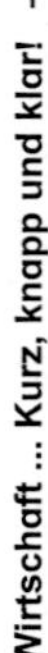

Wirtschaft ... Kurz, knapp und klar! – Bestell-Nr. 12 953

5 Bruttoinlandsprodukt und Bruttonationalprodukt

Aufgabe 4: Um das reale BIP zu erhalten, muss man eventuelle Preiserhöhungen berücksichtigen. Angenommen, du erfährst aus den Nachrichten, dass das BIP in diesem Jahr um 1,2 % gestiegen ist und gleichzeitig die Preise um 7,2 % erhöht wurden.

Was bedeutet das aktuell für das reale BIP?

____

____

____

Aufgabe 5: „Fridays for Future" und andere Gruppen kritisieren, dass im BIP nicht erfasst wird, wie durch die Erzeugung von immer mehr Gütern die Umweltverschmutzung und -zerstörung weiter voranschreitet. Sie haben einen Text darüber verfasst, wie bei der Produktion von Waren derartige Auswirkungen (möglichst) vermieden werden könnten, der leider etwas durcheinander geraten ist.

Bringe die Sätze wieder in die richtige Reihenfolge, indem du Nummern davorsetzt.

a)		Wozu braucht man z. B. alle 6 Monate neue Smartphones auf dem Markt?
b)		Die Haushalte sollten Steuererleichterungen bzw. Prämien bekommen, wenn sie z. B. Solarzellen auf dem Dach des Hauses installieren.
c)		Aber über einen längeren Zeitraum betrachtet senken sie Kosten, weil immer weniger Kosten zur Beseitigung von Umweltschäden anfallen.
d)		Die Energieerzeugung muss von fossilen Energieträgern (Erdöl, Gas, Kohle etc.) auf erneuerbare Energien umgestellt werden.
e)		Der Konsument sollte sich hier fragen, ob die neuen angepriesenen Funktionen wirklich jetzt schon wieder nötig sind.
f)		Weiterhin muss zur Schonung der Umwelt bei der Produktion der Einbau von immer effizienteren Filtersystemen vom Staat gefördert und vorgeschrieben werden, ebenso die Vermeidung von CO_2-Ausstoß.
g)		Auch sollte aus diesem Grund die Lebensdauer der Produkte verlängert und auf eine ständige „vorgetäuschte" Neueinführung von Produkten verzichtet werden.
h)		Vereinfacht gesagt: „Wind und Sonne schicken keine Rechnung."
i)		Diese genannten Maßnahmen (Recycling, Energiewende, CO_2-Ausstoß) und andere verursachen natürlich erst einmal zusätzliche Kosten, die die Preise der Güter erhöhen bzw. die Gewinne der Unternehmen schmälern.
j)		Und vor allem verursachen sie kaum Umweltschäden.
k)		Schon bei der Planung für die Erzeugung von Gütern, muss im Vordergrund stehen, dass deren Rohstoffe weitestgehend recycelbar sind, um Ressourcen zu schonen.
l)		Denn Sonnen- und Windenergie sind letztlich unbegrenzt vorhanden.

6 Wirtschaftskreislauf

Hier siehst du eine grafische Darstellung des Wirtschaftskreislaufs.

- **Reale Ströme** = Lieferung von Gütern oder Dienstleistungen
- **Monetäre Ströme** = „Lieferung“ von Geld

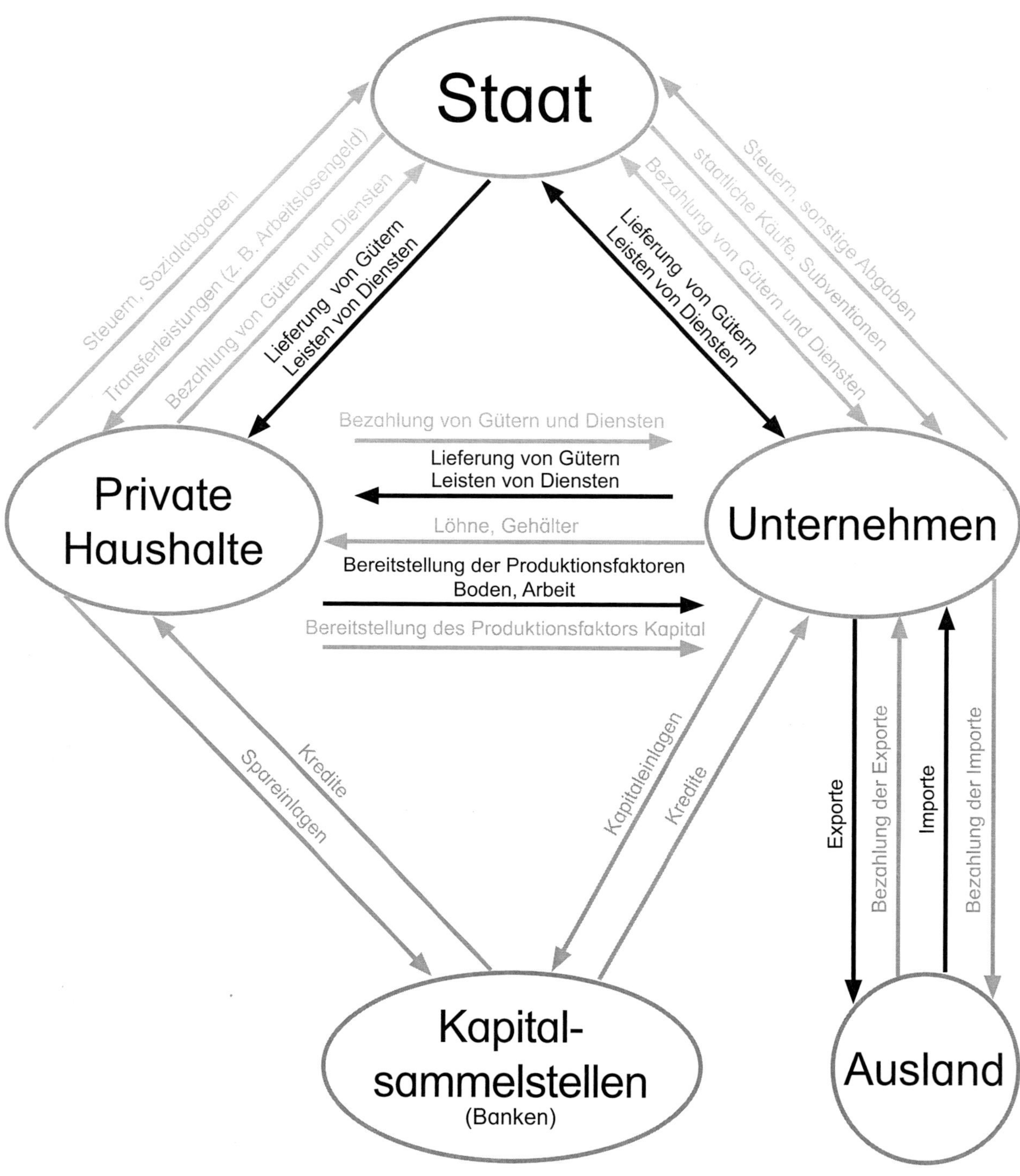

6 Wirtschaftskreislauf

Aufgabe 1: *Ordne die Fragen in der linken Spalte den richtigen Antworten in der rechten Spalte zu, indem du Verbindungslinien einzeichnest. Die Buchstaben ergeben der Reihe nach den Lösungssatz.*

_ _ _ _ und _ _ _ _ _ befinden sich im _ _ _ _ _ _ _ _ _ _ .

Was versteht man unter Kapitalsammelstellen?	1
Was sind Spareinlagen?	2
Was sind Kapitaleinlagen?	3
Welche Bedeutung hat das Ausland im Wirtschaftskreislauf?	4
Nenne Beispiele für Sozialabgaben.	5
Welche Steuern erhält der Staat von den Haushalten?	6
Nenne Beispiele für Transferleistungen.	7
Nenne Beispiele für Subventionen.	8
Nenne typische Waren, die Deutschland exportiert.	9
Nenne typische Waren, die Deutschland importiert.	10
Welche Steuern erhält der Staat von den Unternehmen?	11
Nenne Beispiele für Gebühren der Haushalte an den Staat.	12

Buchstaben	Antwort
EN	Beiträge für die Arbeitslosen-, Kranken- und Rentenversicherung
I	Energieträger und Rohstoffe, z. B. Erdöl, Gas, Kohle, Kupfer, seltene Erden etc.
GL	Zahlungen, wenn durch Corona starke Einbußen erfolgten, Zahlungen zur Erhaltung von Arbeitsplätzen, Kredite, damit Unternehmen nicht pleite gehen, Prämien an Landwirte, wenn sie ökologischen Anbau praktizieren.
LD	Gelder, die die Haushalte momentan nicht benötigen und so bei den Banken sparen, wofür sie Zinsen bekommen.
AU	Lohn- und Einkommenssteuer, indirekt auch die Mehrwertsteuer, die die Haushalte beim Kauf von Waren und Dienstleistungen mitbezahlen, aber die Unternehmen an den Staat abführen.
C	Einkommensteuer bzw. Körperschaftssteuer, Gewerbesteuer, Abführung der Mehrwertsteuer, Kapitalertragssteuer.
E	CNC-Maschinen, Autos, chemische Erzeugnisse, Nahrungs- und Futtermittel, etc.
WA	Gelder, die die Unternehmen erst später z. B. für den Kauf von Rohstoffen oder für Löhne benötigen und so bei den Banken gegen Zinsen platzieren.
S	Arbeitslosengeld 2, Wohngeld, Kindergeld, Elterngeld, BAföG für Studierende, etc.
H	Für die Müllabfuhr oder die Ausstellung eines neuen Passes.
GE	Banken werden so bezeichnet, weil bei ihnen das Geld von Haushalten und Unternehmen „eingesammelt" wird, wofür diese Zinsen der Bank bekommen.
R	Darunter versteht man alle Unternehmen, die nicht in Deutschland ansässig sind, an die deutsche Unternehmen aber Waren verkaufen oder diese von ihnen beziehen.

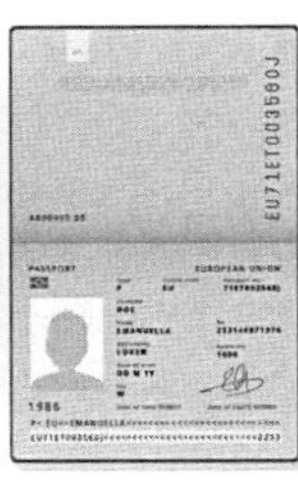

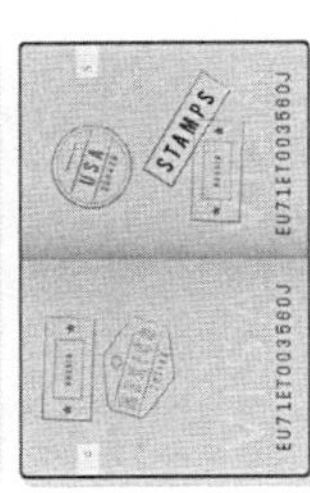

6 Wirtschaftskreislauf

Aufgabe 2: **a)** *Was sind monetäre bzw. reale Ströme im Wirtschaftskreislauf?*

____

____

____

b) *Nenne Beispiele für beide Arten von Strömen.*

____

____

____

Aufgabe 3: *Warum verlangen Banken von dir höhere Zinsen, wenn du dir von ihnen Geld leihst, aber geben dir nur niedrige Zinsen, wenn du bei ihnen dein Geld sparst?*

____

____

____

Aufgabe 4: *Die Haushalte bekommen bei Bedarf Transferzahlungen. Erkläre diesen Begriff.*

____

____

____

Aufgabe 5: **a)** *Welche Waren und Dienstleistungen bezieht der Staat von Unternehmen? Nenne dafür mindestens 5 Beispiele in deinem Heft.*

b) *Schreibe mindestens 5 Leistungen des Staates in dein Heft, die er für die Haushalte und Unternehmen bereitstellt und aus Steuergeldern bezahlt.*

Aufgabe 6: *Welche der folgenden Aussagen sind richtig bzw. vollständig, welche falsch bzw. unvollständig? Kreuze an. Korrigiere dann die falschen Aussagen in deinem Heft.*

		Richtig	Falsch
a)	Wirtschaftliche Beziehungen gibt es zwischen Haushalten, Unternehmen, Banken und dem Staat.		
b)	Diese Beziehungen existieren in Form monetärer bzw. realer Ströme.		
c)	Haushalte kaufen mit ihren Löhnen bei den Unternehmen Waren und Dienstleistungen.		
d)	Haushalte vermieten an die Unternehmen Geschäfts- und Büroräume.		
e)	Bei Banken sparen die Haushalte Geld.		
f)	Banken gewähren den Haushalten Kredite für den Kauf von Konsum- oder Investitionsgütern.		
g)	Der Staat nimmt Gemeinschaftsaufgaben einer Gesellschaft wahr.		
h)	Hierzu benötigt er von den Haushalten und Unternehmen Geld, welches er von diesen in Form der Steuern bekommt.		
i)	Aus dem Ausland werden Waren exportiert und ins Ausland Waren importiert.		
j)	Alle genannten Wirtschaftsteilnehmer „treffen“ sich auf Märkten.		

Ökonomisches Prinzip

Aufgabe 1: *Ergänze den Text, indem du die Lücken mit den richtigen Wörtern aus dem Kasten ausfüllst.*

Anbieter – Ausprägungen – Bedürfnisse – Einkommen – geringeren – günstigsten – Herstellungskosten – Kosten – Preise – Produktion – vernünftig – verringern – wenig – wesentlich – Zulieferern

Kaufst du dir etwas, z. B. ein neues Smartphone, wirst du zuerst einmal schauen, bei welchem Anbieter du es für den ________________ Preis bekommen kannst. Denn je weniger du für eine Ware bezahlen musst, desto mehr deiner ________________ kannst du dir letztlich befriedigen. Auch ein Unternehmer ist darauf bedacht, die ________________ bei der Produktion seiner Waren so gering wie möglich zu halten, denn um so höher fällt sein Gewinn aus.

Haushalte und Unternehmen verhalten sich also bei ihren Entscheidungen ________________, was als Prinzip des ökonomischen Handelns oder auch Rationalprinzip bezeichnet wird. Dieses Prinzip gibt es in zwei ________________, nämlich als Minimal- und als Maximalprinzip.

Beim Minimalprinzip ist man bestrebt, für das zu kaufende Gut so ________________ wie möglich Geld auszugeben, wie z. B. beim Kauf deines Smartphones. Ein Unternehmer, der nach diesem Prinzip handelt, wird versuchen, seine Rohstoffe zur Produktion des Gutes X bei dem ________________ zu kaufen, der ihm den günstigsten Preis dafür macht.

Wird nach dem Maximalprinzip gehandelt, hat man das Bestreben, mit seinem zur Verfügung stehenden ________________ möglichst viele Waren zu erwerben. Verbraucher, die nach diesem Prinzip handeln, vergleichen ständig die ________________ der Waren, die sie zu kaufen gedenken. Wendet ein Unternehmer dieses Prinzip an, versucht er bei der ________________ seiner Waren einen vorher festgelegten Betrag nicht zu überschreiten. Daher vergleicht er ständig die Preise von ________________, denn er will ja mit seinem Budget möglichst viele Rohstoffe kaufen können. Verfährt er nach diesem Prinzip, könnte er aber auch versuchen, die ________________ bei der Produktion seiner Güter beständig zu ________________, indem er beispielsweise eine neue CNC-Maschine anschafft, sodass nun in der gleichen Zeit ________________ mehr zu ________________ Kosten produziert werden kann.

Aufgabe 2: *Löse die Aufgaben in deinem Heft.*

a) *Denke einmal über dein eigenes Kaufverhalten nach. Gehst du immer vom Rationalprinzip aus, wenn du etwas erwirbst? Welche anderen Gründe gibt es, die deine Kaufentscheidungen beeinflussen?*

b) *Diskutiere nun mit deinen Freunden bzw. Klassenkameraden darüber, welche Gründe sie für ihr Kaufverhalten nannten, das nicht vom Maximal- oder Minimalprinzip bestimmt wird.*

KOHL VERLAG Lernen mit Erfolg Wirtschaft ... Kurz, knapp und klar! – Bestell-Nr. 12 953

7 Ökonomisches Prinzip

Aufgabe 3: *Überlege sorgfältig und entscheide, welche der folgenden Aussagen das Minimalprinzip darstellen, welche das Maximalprinzip und welche keines der beiden Prinzipien. Kreuze entsprechend an.*

		Minimal-prinzip	Maximal-prinzip
a)	Ein Unternehmer reduziert seine Kosten bei der Herstellung seiner Produkte, denn er will seinen Gewinn erhöhen.		
b)	Herr Sparkopf möchte seine Energiekosten senken und schließt bei einem anderen Stromanbieter einen Vertrag dafür ab.		
c)	Unternehmer Kostnix will für einen zu fertigenden Auftrag die Kosten möglichst gering halten.		
d)	Unternehmer Traudich kauft seine Rohstoffe schon seit Jahren bei dem gleichen Zulieferer, da dieser stets pünktlich lieferte, auch als dieser die Preise wegen der gestiegenen Inflationsrate um 5 Prozent erhöht.		
e)	Du suchst nach einem neuen Smartphone, dein bisheriges ist dir zu langsam. Du fragst einen guten Freund, der sich damit auskennt, und kaufst dir dann bei Amazon das, welches er dir empfahl.		
f)	Durch eine erhebliche Preissenkung wird der Umsatz in einem Unternehmen um ein Drittel gesteigert, der Gewinn pro Stück geht aber zurück.		
g)	Du hast für den Kauf eines neuen Laptops 400 Euro von deinen Großeltern zum Geburtstag geschenkt bekommen. Du schaust dir Testberichte für Laptops in dieser Preisklasse an. Du vergleichst die Preise des Testsiegers bei allen Anbietern in deiner Nähe und kaufst schließlich ein Laptop bei dem, der den zweitgünstigsten Preis hat. Du bekommst von ihm für das Gerät eine kostenlose Garantie für fünf Jahre.		
h)	Für die bevorstehende Heizperiode kauft Herr Müller 1500 Liter Heizöl. Dieser Vorrat soll so lange wie möglich reichen.		
i)	500 000 Euro Steuereinnahmen werden so eingesetzt, dass so viele Fahrradwege wie möglich gebaut werden können.		

KOHL VERLAG Wirtschaft ... Kurz, knapp und klar! – Bestell-Nr. 12 953

8 Kreditarten

Aufgabe 1: *Du möchtest dir einen neuen Laptop kaufen. Bringe die Sätze in die richtige Reihenfolge, indem du sie links mit Nummern versiehst.*

a)		Zahlt man beispielsweise für einen Darlehenskredit 2,7-9 % Zinsen (Stand September 22), je nach Risikoeinschätzung, beträgt der Zinssatz für den Dispokredit 4-14 %, je nach Bank.
b)		Als Sicherheit könnte dein monatliches Gehalt auf deinem Konto gelten oder der Gegenstand, den du mit dem Kredit erwirbst, z. B. der Laptop.
c)	14	Ist die Bank jetzt grundsätzlich bereit, dir den Kredit zu geben, geht es noch um den Zeitplan der Tilgung und die Höhe der Zinsen. Dabei gilt, je höher das Risiko eines Kreditausfalls, desto höher der Zinssatz.
d)		Da du mit dem Laptop auch Computerspiele machen möchtest, ist der Preis ziemlich hoch. Leider hast du zur Zeit nicht genügend Geld auf dem Konto.
e)		Würdest du die Kreditraten nicht mehr zahlen, würde dann dein Gehaltskonto gepfändet oder dein Laptop (= Sicherungsübereignung).
f)		Allerdings ist der Aufwand, ein Darlehen zu beantragen, aufwendiger. Und du musst dich auch bei der Tilgung an den vorher genau festgelegten Zeitplan halten.
g)	2	Zunächst erinnerst du dich daran, dass dir deine Bank, wie es üblich ist, einen sogenannten Dispokredit eingeräumt hat.
h)		Bevor die Bank dir das Darlehen gewährt, wird sie noch einige Dinge mit dir besprechen. Bist du noch nicht volljährig, also 18 Jahre alt, fängt das Verhandlungsgespräch erst gar nicht an.
i)		Dein Freund rät dir aber davon ab, den Dispo in Anspruch zu nehmen und dein Konto einfach so zu überziehen.
j)		Tilgung bedeutet, du verpflichtest dich, die Kreditsumme innerhalb einer vorher vereinbarten Zeit zurückzuzahlen. Natürlich kommen zur Tilgung noch Zinsen dazu.
k)		Diese eher kurzfristige Kreditgewährung ist nämlich sehr teuer im Vergleich zum „richtigen" Darlehen.
l)	10	Es wird geprüft, wie wahrscheinlich es ist, dass du den Kredit auch zurückzahlen kannst. Die Bank verlangt dazu sogenannte Sicherheiten von dir.
m)		Wenn du keine Sicherheiten vorweisen kannst, würde die Bank alternativ einen Bürgen (z. B. deine relativ wohlhabende Oma) verlangen, der dann an deiner Stelle die Raten bezahlen müsste, falls du es nicht mehr könntest.
n)	3	Das bedeutet, dass du bis zu einer festgelegten Höhe dein Konto ohne vorherigen Darlehensantrag überziehen darfst – und zwar immer wieder. Die dafür berechneten Zinsen sind auch davon abhängig, wie lange sich dein Konto im Minus befindet.

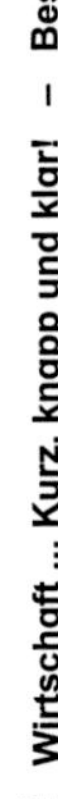

8 Kreditarten

Aufgabe 2: Hinweis: Zur Beantwortung kannst du dich im Internet informieren und die Lösungen in dein Heft schreiben.

a) *Vor der Gewährung eines Kredits erfolgt von deiner Bank eine Abfrage bei der sogenannten* ***Schufa****. Was ist die Schufa?*

b) *Deine Eltern überlegen sich, ein Haus zu kaufen, unter anderem damit sie keine Miete mehr zahlen müssen. Die Bank ist bereit, ihnen dafür einen Kredit zu geben, verlangt aber die Eintragung einer* ***Hypothek****. Was ist darunter zu verstehen?*

Aufgabe 3: Neben dem Kredit durch eine Bank gibt es auch noch die Möglichkeit, eine Ware durch einen **Kauf auf Ziel** zu erwerben. Der Verkäufer gewährt in diesem Fall dem Käufer quasi einen Kredit, denn er braucht die Ware erst nach einer vereinbarten Zeit bezahlen, kann sie aber sofort mitnehmen und nutzen. Beantworte in deinem Heft.

a) *Welche Vorteile hast du, wenn du dir beispielsweise auf diese Art eine neue Hose kaufst?*

b) *Welche Vorteile hat bei einem solchen Kauf der Verkäufer?*

c) *Welchen Vorteil hat ein Unternehmer, wenn er mit seinem Lieferanten für die Rohstoffe, die er bei der Produktion seiner Waren benötigt, einen Kauf auf Ziel vereinbart?*

Aufgabe 4: Es gibt auch noch die Möglichkeit, eine Ware durch **Teilzahlungskauf** zu erwerben. In diesem Fall wird vereinbart, dass der Käufer die Ware in Raten über einen festgelegten Zeitraum bezahlt, er kann diese aber wiederum sofort mitnehmen.

a) *Welche Vorteile hast du in diesem Fall, wenn du dir beispielsweise auf diese Weise ein Smartphone kaufst?*

____

____

____

b) *Welche Vorteile hat bei einem solchen Kauf der Verkäufer?*

____

____

____

____

9 Kooperation und Konzentration in der Wirtschaft

Aufgabe 1: *Es gehören jeweils ein linker und ein rechter Abschnitt zusammen. Trage hierzu die passenden Zahlen in die leere Spalte ein. Die Buchstaben (rechts) ergeben der Reihe nach die Lösungswörter.*

Vorrangiges Ziel ist __ __ __ __   __ __ __ __ __ __ __ __ __ __ __
1 2 3 4   5 6 7 8 9 10 11 12 13 14 15

Zuletzt kam es immer mehr zu Kooperation und Konzentration bei Unternehmen.	1
Von Kooperation spricht man, wenn wirtschaftlich selbständige Unternehmen durch Verträge zusammenarbeiten.	2
Sie legen fest, eine bestimmte Produktionsmenge nicht zu überschreiten oder	3
Welche Kartelle sind verboten, welche erlaubt?	4
Wer ist dafür zuständig, Kartellbildungen zu überwachen oder sie zu verbieten?	5
Bei Kooperation gibt es auch ein sogenanntes abgestimmtes Verhalten der Unternehmen.	6
Warum ist es so schwer nachzuweisen, wenn diese Absprachen gegen Gesetzte verstoßen?	7
Was versteht man unter einer Konzentration bei Unternehmen?	8
Geben Unternehmen ihre wirtschaftliche Selbständigkeit auf, geschieht das entweder in Form eines Konzerns oder durch eine Fusion.	9
Ein Konzern kann auch in Form einer Holding entstehen.	10
Nenne die Ziele von Unternehmenszusammenschlüssen (= Fusionen) bzw. Kartellen.	11
Was versteht man unter einem Monopol für eine bestimmte Warengruppe, was unter einem Oligopol?	12
Unternehmen, die weltweit wirtschaftlich tätig sind, bezeichnet man als Multis.	13
Durch welches Prinzip erzielen solche Unternehmen meist sehr hohe Gewinne?	14
Umweltschutzgesetze sind in vielen Ländern, in denen die Global Player produzieren lassen, kaum vorhanden bzw. werden selten kontrolliert.	15

Nr.	Aussage	Buchstabe
	Das Bundeskartellamt	**(M)**
	Gewinnmaximierung, mehr Marktmacht, Minderung der Risiken beim Verkauf und Begrenzung des Wettbewerbs.	**(A)**
	So häuft sich z. B. der weltweite CO_2-Ausstoß, natürlich auch beim Transport der Waren nach Deutschland.	**(!)**
	Bei einem Konzern erfolgen gegenseitige Kapitalbeteiligungen, bei einer Fusion vereinigen sich Unternehmen.	**(T)**
	So entstehen Kartelle; sie vereinbaren z. B. gemeinsame Standards für ihre Waren, vgl. DIN-Normen.	**(E)**
	Ohne schriftliche Unterlagen lässt sich durch diese Absprachen kein verbotenes Kartell nachweisen.	**(R)**
	schalten durch Preisabsprachen für ihre Produkte den Wettbewerb untereinander aus.	**(H)**
	Es gibt keine vertraglichen Festlegungen wie bei einem Kartell, sondern lediglich mündliche Absprachen.	**(A)**
	Um Ziele zu erreichen, die die wirtschaftlichen Mittel eines einzelnen Unternehmens überfordern würden.	**(M)**
	Beim Monopol gibt es nur 1 Anbieter, beim Oligopol nur wenige. Die Verkaufspreise werden dann von diesen selbst festgelegt.	**(C)**
	Sie produzieren Waren z. B. in Niedriglohnländern und verkaufen sie dann mit hohem Gewinn z. B. nach Deutschland.	**(T)**
	Bei einer Konzentration geben Unternehmen ihre wirtschaftliche Selbständigkeit auf und verschmelzen.	**(K)**
	Normen- und Typen-Kartelle sind erlaubt, alle anderen verboten.	**(R)**
	Man bezeichnet sie auch als Global Players.	**(H)**
	Die Unternehmen unterstellen sich einer gemeinsamen Leitung.	**(M)**

9 Kooperation und Konzentration in der Wirtschaft

Aufgabe 2: *Trage ein, ob es sich bei den folgenden Beispielen jeweils um eine formlose Absprache, eine Fusion, ein Kartell oder einen Konzern handelt, und gib auch eine Begründung an.*

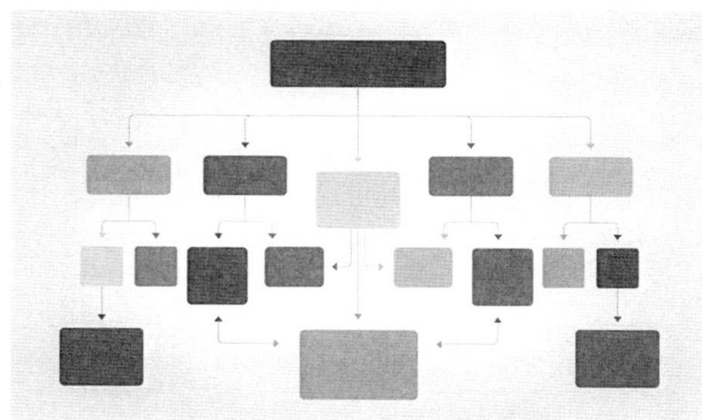

a)	Die Bäckereikette „Gut Brot“ mit etlichen Filialen wird von Starbucks übernommen, sonst hätte sie wohl Insolvenz anmelden müssen.	
b)	Zwei Autoproduzenten treffen eine schriftliche Vereinbarung, zusammen Batterien für E-Autos zu entwickeln, um sich so gegenüber anderen Autoproduzenten einen Kostenvorteil zu sichern.	
c)	Aus informierten Branchenkreisen verlautet, dass sich ein führendes Unternehmen zur Chip-Herstellung mit mehr als 50 % an einem anderen Unternehmen der gleichen Branche beteiligen wird.	
d)	Bei der Ausschreibung zur Vergabe des Baus einer neuen Straße haben vier Straßenbaufirmen ihre Angebote vorher gegenseitig abgesprochen und überhöhte Preise für die benötigten Rohstoffe in diese aufgenommen.	

Aufgabe 3: *Nenne Vor- und Nachteile von Global Player für die wirtschaftliche Entwicklung in Deutschland.*

Vorteile	Nachteile

9 Kooperation und Konzentration in der Wirtschaft

Aufgabe 4: *Löse das Kreuzworträtsel.*

ä = AE
ö = OE
ü = UE

a) Wer überwacht Kartelle?
b) Eine andere Bezeichnung für Global Player ist … .
c) Kommt es zu einer Konzentration, geben Unternehmen die … Selbständigkeit auf.
d) Bei einem abgestimmten Verhalten von Unternehmen gibt es eine … Absprache.
e) Ein Konzern entsteht durch … eines Unternehmens an einem anderen.
f) Bei einer Holding unterstellen sich Unternehmen einer einheitlichen … .
g) Ein Ziel von Unternehmenszusammenschlüssen ist die langfristige … .
h) Bei einem Oligopol gibt es für bestimmte Produkte nur noch wenige … .
i) Global Player tragen vermehrt zur weltweiten … bei.
j) Verträge zwischen selbständigen Unternehmen besiegeln eine … .
k) Überhöhte Preise können durch welche Art von Absprachen entstehen?
l) Das Bundeskartellamt veranlasst … gegen Unternehmen.
m) Ein alleiniger Anbieter eines Produkts hat das … .

Lösungswort:

1	2	3	4	5	6	7	8	9	10

e)↓
b)↓
g)↓
i)→ 1
c)↓
l)↓
5
h)→ 7
a)→ 2
k)↓
10
m)↓
j)→ 3
6
9
f)→ 8
d)→ 4

KOHL VERLAG Lernen mit Erfolg
Wirtschaft … Kurz, knapp und klar! – Bestell-Nr. 12 953

10 Markt und Preisbildung

Wenn du dir etwas kaufst, musst du dafür auf einen Markt gehen, so definiert es die Wirtschaftslehre. Wahrscheinlich fragst du dich, ob das stimmt, denn wenn man etwas kauft, tut man das in einem Geschäft oder bestellt es im Internet.

Wirtschaftlich betrachtet versteht man unter einem Markt einen Ort, an dem **Anbieter** von Gütern und Dienstleistungen und **Nachfrager** nach diesen aufeinander treffen und sich der Preis für diese bildet. Beispiele für Märkte in diesem Sinne sind alle Supermärkte in deiner Umgebung, der Arbeits- oder Immobilienmarkt; wenn du im Netz nach Anbietern für eine von dir gesuchte Ware schaust, holst du dir so quasi den Markt dafür auf deinen PC. „Auf einen Markt gehen“ ist also nur im übertragenen Sinne gemeint.

Die Anbieter wollen einen möglichst hohen Preis für ihre Waren erzielen, um ihre Kosten bei der Herstellung zu decken und natürlich auch einen Gewinn zu erzielen, die Nachfrager hingegen wollen möglichst wenig bezahlen, um so für ihr Einkommen möglichst viele Waren zu bekommen, vgl. das Maximalprinzip. Wie bildet sich nun aber der Preis für eine Ware bei diesen gegensätzlichen Interessen?

Erscheint den Nachfragern der Preis einer Ware zu hoch, werden die Anbieter nur einen Teil ihrer Waren absetzen können und so (längerfristig) mit dem Preis runter gehen, um alle ihre Waren verkaufen zu können. So verdienen sie zwar weniger an einem verkauften Stück, können aber mehr Stücke absetzen und steigern so ihren Umsatz, denn sie erzielen ja insgesamt mehr Geld für die verkauften Waren. Ist die angebotene Ware hingegen sehr begehrt und so schnell ausverkauft, werden die Anbieter den Preis erhöhen, sie werden ihre Waren ja reißend los. Irgendwann kommt aber der Zeitpunkt, wo den Verbrauchern der Preis nun einfach zu hoch ist und sie weniger kaufen werden, die Unternehmen senken den Preis wieder.

Der beschriebene Marktmechanismus bewirkt, dass sich nach einer gewissen Zeit auf den Märkten ein sogenannter **Gleichgewichtspreis** bildet, bei dem alle, die zu diesem Preis ihre Waren anbieten, diese auch verkaufen können und alle, die zu diesem Preis Waren nachfragen, auch welche bekommen. Es gilt einerseits: Je höher der Preis, desto geringer die angebotene Menge, je niedriger der Preis, desto mehr wird angeboten. Und andererseits gilt auch: Sinkt der Preis, dann steigt die Nachfrage, steigt der Preis, geht die Nachfrage zurück.

Aufgabe 1: *Da immer mehr Fahrräder und E-Bikes online gekauft werden, gehen die Umsätze von Fahrradgeschäften zurück. Der Inhaber eines Fahrradgeschäfts, der auch gebrauchte Räder anbietet, überlegt, wie man Kunden durch andere Maßnahmen als Preissenkungen wieder zum Kauf von Fahrrädern und E-Bikes in sein Geschäft holen könnte. Mit welchen Maßnahmen könnte er das erreichen?*

____

____

____

____

____

10 Markt und Preisbildung

Aufgabe 2: *Beantworte die folgenden Fragen. Der jeweils in Klammern angegebene Begriff soll dich dabei auf die richtige Spur bringen.*

a) *Warum sind Unternehmen ständig bemüht, die Kosten bei der Herstellung ihrer Produkte zu reduzieren? (Wettbewerb)*

____

____

b) *Welchen Vorteil hat es für ein Unternehmen, wenn es neue, innovative Produkte auf den Markt bringt? (hoher Preis)*

____

____

c) *Welchen Vorteil hat es für Verbraucher, wenn sie immer wieder die Preise der Waren, die sie kaufen wollen, vergleichen? (Kaufkraft)*

____

____

d) *Die Gewerkschaften konnten in vielen Bereichen der Wirtschaft Lohnerhöhungen durchsetzen. Wie werden sich diese Lohnerhöhungen auf die Preise auswirken, z. B. in Baumärkten oder Bekleidungsgeschäften? (erhöhte Nachfrage)*

____

____

e) *Dein Vater sucht eine neue Arbeitsstelle, denn er will mehr Geld verdienen. Wo findet er Arbeitsmärkte?*

____

____

f) *Wann steigt der Wert eines Unternehmens, was z. B. daran zu erkennen ist, dass dessen Aktienkurs an der Börse steigt? (Gewinn)*

____

____

KOHL VERLAG Wirtschaft ... Kurz, knapp und klar! – Bestell-Nr. 12 953

10 Markt und Preisbildung

Aufgabe 3: *Was beeinflusst dich außer dem Preis, eine Ware oder eine Dienstleistung bei einem bestimmten Anbieter zu kaufen? Nenne dafür mindestens 4 Gründe.*

____

____

____

____

Aufgabe 4: *Wie werden sich die Preise für die erwähnten Güter bei folgenden Zeitungsmeldungen entwickeln? Kreuze an und begründe jeweils deine Meinung gleich darunter.*

	Entwicklung des Preises nach der Meldung:	**steigend**	**fallend**
a)	Die Ukraine kann durch den Krieg mit Russland kaum noch Weizen nach Deutschland liefern.		
b)	Verbraucherschützer warnen vor Energiegetränken, „Kraftbrausen“ sind teuer und ungesund.		
c)	Vegane Burger finden immer mehr Abnehmer in den USA.		
d)	Das neue Smartphone von Google ist zwar sehr teuer, aber bei seinen Fans sehr beliebt.		

a) ____

b) ____

c) ____

d) ____

Aufgabe 5: *Momentan sind Jacken in speziellen Farben in. Viele Geschäfte in deiner Stadt bieten diese an. Welches Geschäft kann den größten Umsatz erzielen, wenn man jeweils Angebot und Nachfrage berücksichtigt?*

Angebotene Menge: So viele Jacken hat das Geschäft.

Nachgefragte Menge: So viele Jacken würden die Kunden gern kaufen.

	Angebotene Menge (Stück)	**Preis in Euro**	**Nachgefragte Menge (Stück)**	**Rechnung**
Geschäft 1	20	25	120	
Geschäft 2	40	30	100	
Geschäft 3	60	35	80	
Geschäft 4	80	40	60	
Geschäft 5	100	45	40	
Geschäft 6	120	50	20	

Den größten Umsatz erzielt das Geschäft ____ .

KOHL VERLAG Wirtschaft ... Kurz, knapp und klar! – Bestell-Nr. 12 953

Markt und Preisbildung

Aufgabe 6: *Ergänze den Text, indem du die Lücken mit den richtigen Wörtern aus dem Kasten ausfüllst.*

Abschwungs – Ausland – beständig – Deflation – Energiepreise – Gewinn – inflationären – Kaufkraft – Mehrzahl – ständig – Statistische – technisch – Tendenzen – Ukraine-Krieg – Warenkorb – 9 %

Ende September 2022 sind die Preise vieler Waren um bis zu __________ gestiegen, bedingt vor allem durch den __________________ . So hat sich die ______________ der Haushalte verringert, die Produktionskosten der Unternehmen sind vor allem durch die __________________ sehr angestiegen, ihr ____________ ist zurückgegangen. Steigen die Preise gegenüber dem Vorjahr um mehr als 2 %, spricht man von einer ________________ Entwicklung der Preise, auch Inflationsrate genannt. Sollte das Preisniveau ______________ steigen, wird aus der inflationären Entwicklung eine Inflation. Das ______________ Bundesamt erfasst diese Entwicklungen, indem es anhand von ca. 750 Waren und Dienstleistungen, die die ____________ der Bürger kaufte – auch ______________ genannt, den sogenannten Preisindex für die Lebenshaltungskosten ermittelt.

Unter ______________ versteht man das Gegenteil von Inflation, nämlich dass Preise über einen längeren Zeitraum ______________ sinken, was zwar die Verbraucher freut, nicht aber die Unternehmen, denn sie machen so weniger Umsatz und Gewinn. Schließlich werden Stellen abgebaut, womit die Gefahr eines wirtschaftlichen ____________ droht. Deflation darf aber nicht verwechselt werden mit deflatorischen ____________ . Das heißt: Nicht alle Preise fallen, sondern nur die einzelner Waren, da diese beispielsweise ________________ nicht mehr up to Date sind oder im ________________ billiger hergestellt wurden.

Aufgabe 7: *Überlege einmal, welche Arten von Waren und Dienstleistungen im Warenkorb des Preisindex enthalten sein könnten. Führe 8 davon auf.*

Hinweis: Denke daran, dass es sich beim Warenkorb um Dinge handelt, die für das Leben eines durchschnittlichen Bürgers wichtig sind. Es geht also nicht um spezielle Produkte.

____

____

____

____

____

____

____

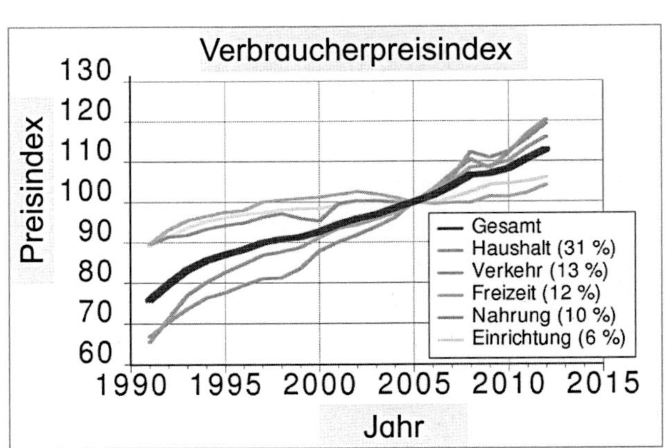

11 Soziale Marktwirtschaft

Wie eben beschrieben, versorgen Märkte die Bürger Deutschlands mit Waren und Dienstleistungen, daher spricht man vom Wirtschaftssystem der Marktwirtschaft. In der Bundesrepublik gibt es eine spezielle Form, die Soziale Marktwirtschaft.

Der Staat greift bei dieser Wirtschaftsform in das Marktgeschehen ein. Beispiele hierfür sind:

- Grenzwerte, die aus Umweltschutzgründen bei der Produktion von Gütern einzuhalten sind;
- Preisauszeichnungspflicht, das heißt die Preise der Waren inklusive der Mehrwertsteuer müssen an diesen dranstehen;
- Absicherung bei Arbeitslosigkeit, Krankheit oder im Alter durch die gesetzliche Sozialversicherung;
- Zuwendungen für minderbemittelte Bürger, z. B. Wohngeld, Kindergeld, BAföG;
- fairer Wettbewerb der Unternehmen untereinander, keine marktbeherrschenden Konzerne, die Preise „diktieren" könnten (Bundeskartellamt);
- Unterstützung kleiner Betriebe durch Subventionen, damit diese am Markt gegenüber den großen mithalten können;
- Mindestlohn laut Gesetz zur Vermeidung von Lohndumping;
- Arbeitsschutzgesetze, z. B. unter welchen Voraussetzungen Arbeitnehmern gekündigt werden darf;
- höhere Einkommen werden stärker besteuert, um so eine gleichmäßigere Vermögensverteilung über die Bevölkerungsschichten zu erreichen;
- Erfüllung von Gemeinschaftsaufgaben durch den Staat, wenn andernfalls ein privates Unternehmen keinen ausreichenden Gewinn damit machen könnte, z. B.: Krankenhäuser, Altenheime, Kitas, Universitäten, öffentliche Verkehrsmittel etc.

Aufgabe 1: *Ergänze den Text, indem du die Lücken mit den richtigen Wörtern aus dem Kasten ausfüllst.*

Beschaffenheit – Erzeugung – gesundheitsgefährdenden – Gütesiegel – Mängel – Schadenersatz – staatlich – unentgeltlich – Verbraucherzentralen – Wahrheit – Werbung – zurückgeben – zwei

Verbraucherschutzgesetze regeln in der Sozialen Marktwirtschaft die ______________________ von Waren, beispielsweise, dass keine ______________________ Stoffe in ihnen vorhanden sein dürfen. Gesetze bestimmen auch, dass sogenannte ______________, z. B. bei Bioprodukten, der ______________ entsprechen müssen. Durch ______________ finanzierte Tests über Waren werden die Verbraucher über deren Eigenschaften objektiv aufgeklärt (vgl. ____________________, Stiftung Warentest). Unlauterer Wettbewerb bei ______________ ist generell verboten. Die Bürger können Unternehmen auf ________________ verklagen, wenn sich diese nicht an gesetzliche Vorschriften bei der ______________ ihrer Produkte halten. Stellt man ______________ an einer gerade gekauften Ware fest, kann man die Ware ____________Jahre lang gegen Erstattung des bezahlten Preises ______________. Werden Reparaturarbeiten von Handwerksbetrieben mangelhaft ausgeführt, müssen die Mängel ______________ nachgebessert werden.

11 Soziale Marktwirtschaft

Aufgabe 2: *Es gehören jeweils ein linker und ein rechter Abschnitt zusammen. Verbinde diese mit einer geraden Linie. Die Buchstaben ergeben der Reihe nach das Lösungswort.*

Es gilt: So viel wie möglich _ _ _ _ _ _ _ _ _ _ _ _ _ _ _ .

Das Bundeskartellamt ist für die Unternehmen zuständig.	1
Subventionen dienen der Unterstützung notleidender oder kleinerer Firmen.	2
Der Staat gibt den Unternehmen keine Vorgaben, wie hoch die Löhne in einzelnen Betrieben sein dürfen.	3
Aber in den meisten Branchen gibt es Tarifverträge über die mindestens zu zahlenden Vergütungen in den einzelnen Lohngruppen.	4
Das Führen eines Handwerksbetriebes ist in den meisten Fällen vom Bestehen der Meisterprüfung abhängig.	5
Der Betriebsrat ist ein von den Arbeitnehmern eines Betriebes gewähltes Organ.	6
Ein Arbeitsgesetz besagt, dass vor einer Kündigung eines Arbeitnehmers der Betriebsrat angehört werden muss und dieser der Kündigung widersprechen kann.	7
Für einige Waren legt der Staat Mindestpreise fest.	8
Für einige Waren legt der Staat Höchstpreise fest.	9
BAföG wird unter gewissen Voraussetzungen an Studierende gezahlt.	10
BAföG ist nicht nur sozial, sondern auch wirtschaftlich gut.	11

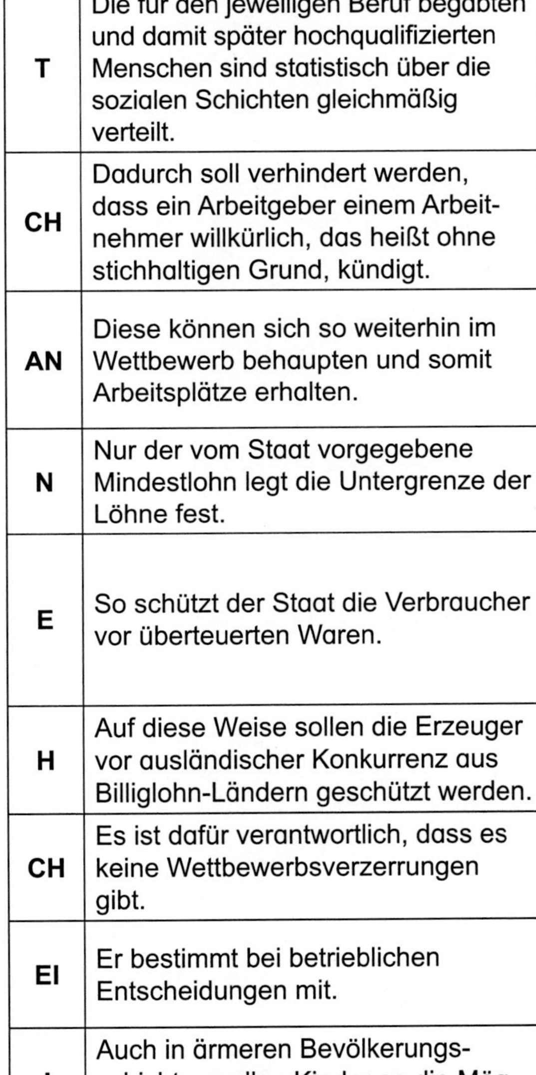

Buchstabe	Aussage
GL	Dadurch soll erreicht werden, dass die Nachfrager vor „Pfusch“ der Handwerksbetriebe und deren Folgen geschützt werden.
CE	Denn Arbeitgeber und Arbeitnehmer handeln eigenständig aus, welche Vergütung für die Arbeitsleistung zu entrichten ist.
T	Die für den jeweiligen Beruf begabten und damit später hochqualifizierten Menschen sind statistisch über die sozialen Schichten gleichmäßig verteilt.
CH	Dadurch soll verhindert werden, dass ein Arbeitgeber einem Arbeitnehmer willkürlich, das heißt ohne stichhaltigen Grund, kündigt.
AN	Diese können sich so weiterhin im Wettbewerb behaupten und somit Arbeitsplätze erhalten.
N	Nur der vom Staat vorgegebene Mindestlohn legt die Untergrenze der Löhne fest.
E	So schützt der Staat die Verbraucher vor überteuerten Waren.
H	Auf diese Weise sollen die Erzeuger vor ausländischer Konkurrenz aus Billiglohn-Ländern geschützt werden.
CH	Es ist dafür verantwortlich, dass es keine Wettbewerbsverzerrungen gibt.
EI	Er bestimmt bei betrieblichen Entscheidungen mit.
I	Auch in ärmeren Bevölkerungsschichten sollen Kinder so die Möglichkeit eines Studiums bekommen.

Wirtschaft ... Kurz, knapp und klar! – Bestell-Nr. 12 953

11 Soziale Marktwirtschaft

Aufgabe 3: *Es gehören jeweils ein linker und ein rechter Abschnitt zusammen. Verbinde diese mit einer geraden Linie. Die Buchstaben ergeben der Reihe nach das Lösungswort.*

Ebenso gilt: So viel wie möglich ___ ___ ___ ___ ___ ___ ___ ___ ___ ___ ___ ___ ___ ___ ___ ___ .

Besserverdienende müssen auch prozentual höhere Steuern zahlen.	**1**
Nach Untersuchungen des Arbeitsamts ergreifen fast 30 % der Arbeitslosen nach 1 Jahr Arbeitslosigkeit keine Initiative mehr zur Jobsuche.	**2**
Der Staat schreibt Supermärkten vor, dass für die angebotenen Waren deren Preise benannt werden müssen.	**3**
Die Städte sind für viele Gemeinschaftsaufgaben zuständig.	**4**
Gemeinschaftsaufgaben werden mit Steuermitteln finanziert. So z. B. auch die Ausbesserung von Straßen.	**5**
Es wäre ungerecht, müssten nur die Autofahrer für die Nutzung der Straßen bezahlen, nicht aber auch die Radfahrer.	**6**
Landwirtschaftliche Erzeugnisse werden vom Staat/der EU subventioniert. Sie wären sonst für die Verbraucher zu teuer und könnten nicht mit günstigeren Auslandsprodukten konkurrieren.	**7**
Subventionen erhalten speziell auch die Landwirte, die Bio-Produkte anbauen.	**8**

TS	Die Entscheidung darüber, welche Gemeinschaftsaufgaben wann erfüllt werden, trifft das Stadtparlament.
SA	Das Geld für die Unterstützung der Landwirtschaft ist daher auch eine Investition in die Gesundheit der Bevölkerung.
EI	So kann man die Preise aller Supermärkte in der Stadt vergleichen, was den Wettbewerb der Supermärkte aufrecht erhält.
AR	Dadurch soll eine gerechtere und gleichmäßigere Vermögensverteilung über die Bevölkerungsschichten erreicht werden.
EI	Diese könnte man ja auch von den Autofahrern selbst bezahlen lassen, z. B. über die KFZ- Steuer.
TZ	Das ist gut für die Nachhaltigkeit der Landwirtschaft und für die Umwelt.
N	Weitergedacht müssten dann auch die Eltern selbst für die Renovierung der Klassenzimmer aufkommen, die ihre Kinder nutzen.
B	Die Arbeitslosen verlassen sich auf den Staat, sie bekommen ja Arbeitslosengeld; so vermindert sich die Bereitschaft, bei der Jobsuche selbst aktiv zu werden.

Aufgabe 4: *Du möchtest später einmal Wirtschaftswissenschaften studieren. Deine Eltern haben aber leider nicht die Mittel, dir ein solches Studium zu finanzieren. Dein Vater meint aber, du könntest BAföG beantragen. Unter welchen Voraussetzungen würdest du solche Zahlungen vom Staat bekommen?*

____

____

____

____

12 Konjunktur

Die Wirtschaftsleistung eines Landes wird anhand des BIP dargestellt, vgl. Kapitel 5. Dieses entwickelt sich aber nicht gleichmäßig, steigt also beispielsweise beständig, sondern es gibt ein Auf und Ab. Diese sich wiederholenden wirtschaftlichen Schwankungen werden als Konjunktur bezeichnet. Das Schaubild zeigt diese Schwankungen:

Wie du siehst, gibt es vier sich immer wiederholende Konjunkturphasen:

- Expansion (= Aufschwung)
- Boom (= Hochkonjunktur)
- Rezession (= Abschwung)
- Depression (= Tiefstand)

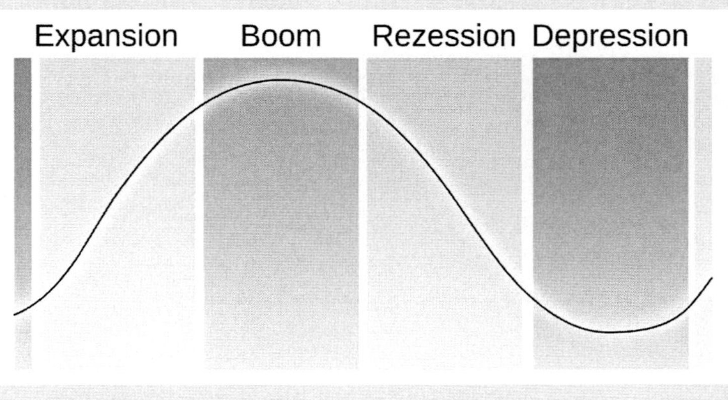

Aufgabe 1: *Welche der folgenden Meldungen lassen auf welche Konjunkturphase schließen? Trage jeweils die passende Phase ein und begründe deine Meinung.*

		Konjunkturphase
a)	Die Haushalte sparen beim Kauf von Konsumgütern, da die Kosten für Energie stark gestiegen sind.	
b)	Die Wohnungsmieten in Ballungsgebieten sind in den letzten zwei Jahren um durchschnittlich 5,6 % gestiegen, trotzdem gibt es keine Leerstände.	
c)	Die Kurse an den Börsen sind seit 3 Monaten beständig zurückgegangen.	
d)	Die Gewerkschaften fordern 5 % Lohnerhöhungen, da die Gewinne der Unternehmen sehr stark gestiegen seien.	
e)	Im Gaststätten- und Hotelgewerbe werden verzweifelt Arbeitskräfte gesucht.	
f)	Die Arbeitslosenquote in Deutschland ist im letzten Jahr um 5 % gestiegen.	
g)	Das BIP ist um 2 % gegenüber dem Vorjahr gefallen, im Gegensatz zu den vorherigen Jahren, in denen es durchschnittlich um 2 % jährlich stieg. Auch die Arbeitslosenquote ist gestiegen.	

KOHL VERLAG Wirtschaft ... Kurz, knapp und klar! – Bestell-Nr. 12 953

12 Konjunktur

Aufgabe 2: *Wirtschaftsexperten prognostizieren für die nächsten Monate eine beginnende Rezession. Die Bundesregierung ergreift daraufhin die Maßnahmen **a)-e)**. Erläutere, warum diese Maßnahmen einer Rezession entgegenwirken können.*

a) *Unternehmen, deren Umsätze in der Corona-Pandemie stark gefallen sind, bekommen Zuschüsse vom Wirtschaftsministerium.*

____

____

b) *Die Bundesregierung beschließt ein Gesetz, dass die Gemeinden jährliche Zahlungen bekommen, wenn sie die Preise für den Öffentlichen Nahverkehr weiter senken.*

____

____

____

____

____

c) *Die Mehrwertsteuer für bestimmte Produktgruppen wird gesenkt.*

____

____

____

d) *Die Renten werden um 6 % erhöht, allerdings nur, wenn die monatliche Rentenauszahlung netto nicht mehr als 2500 Euro beträgt.*

____

____

____

e) *Die staatlichen Zuschüsse beim Bau neuer Windkraft- und Solaranlagen werden erhöht.*

____

____

____

Aufgabe 3: *In welcher Konjunkturphase befindet sich die Wirtschaft in Deutschland zur Zeit? Wie stellen sich demgemäß die Konjunkturmerkmale (Nachfrage, Gewinne …) dar? Beschreibe diese stichwortartig in deinem Heft.*

Wirtschaft ... Kurz, knapp und klar! – Bestell-Nr. 12 953

12 Konjunktur

Aufgabe 4: *Die vier genannten Phasen weisen typische Merkmale auf, betrachtet man die Nachfrage, die Gewinne der Unternehmer, die Preise, die Arbeitslosenzahlen, die Entwicklung der Löhne und die Aktienkurse an der Börse. Trage nun diese unten verteilten Merkmale in der Tabelle unter den richtigen Phasen ein.*

Unternehmen haben Absatzschwierigkeiten, Preise gehen zurück

satte Gewinne

Preise steigen langsam an

Nachfrage steigt und somit Produktion

Löhne steigen weiter

Löhne niedrig

Arbeitslosenzahlen sehr niedrig

Arbeitskräfte werden entlassen

Produktionskapazitäten kaum noch ausgelastet, Unternehmen haben starke Absatzschwierigkeiten, senken daher Preise noch mehr

Aktienkurse fallen

Aktienkurse sehr niedrig

Aktienkurse steigen

Nachfrage größer als Angebot

Gewinne schrumpfen

Unternehmer erhöhen Preise, Inflationsrate steigt

mehr Gewinne

Gewinne schrumpfen weiter, Betriebe machen Konkurs

Arbeitslosenzahlen auf Höchstsand

Löhne fallen

Aktienkurse steigen stark

Löhne steigen

Nachfrage geht zurück, Verbrauchern sind Preise zu hoch, Bedürfnisse bereits befriedigt

Arbeitslosenzahlen gehen zurück

Sehr geringe Nachfrage, Haushalte kaufen nur noch Nötigstes

	Expansion	Boom	Rezession	Depression
Nachfrage				
Gewinne				
Preise				
Arbeitslosenzahlen				
Löhne				
Aktienkurse				

KOHL VERLAG Wirtschaft ... Kurz, knapp und klar! – Bestell-Nr. 12 953

13 Grundlagen der Wirtschaftspolitik (Magisches Viereck)

Im Wirtschaftssystem Soziale Marktwirtschaft ist eine Aufgabe der Regierung, eine Rezession bzw. Depression möglichst zu verhindern. Ziel ihrer Wirtschaftspolitik muss vielmehr sein, die Wirtschaft insgesamt im Gleichgewicht zu halten.

Vier Ziele sollen dabei erreicht werden:

- **Stabilität des Preisniveaus**
- **Hoher Beschäftigungsstand**
- **Stetiges und angemessenes Wirtschaftswachstum**
- **Außenwirtschaftliches Gleichgewicht**.

Nimmt man noch **Umweltschutz** und eine **gerechte Einkommens-/Vermögensverteilung** hinzu, hat man sogar **sechs** Ziele, welche die Regierung versuchen wird zu erreichen. Allerdings zeigte die bisherige Praxis, dass es nicht möglich war, alle Ziele gleichzeitig zu erreichen. Es grenze an Zauberei, sollte das jemals gelingen, sagte mal ein Wirtschaftsexperte. So hat sich der Begriff eingeprägt, es handele sich um das **„Magische Viereck oder Sechseck"** – das heißt, nur ein Magier mit seinem Zauberstab könne alle Forderungen gleichzeitig umsetzen.

Die Ziele im Einzelnen:

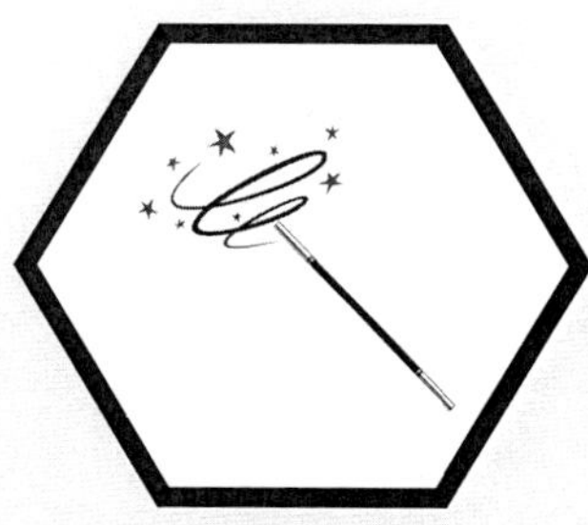

- **Preisniveaustabilität** gilt als erreicht, wenn für Güter und Dienstleistungen höchstens 2 % mehr als im Vorjahr ausgegeben werden muss. Gemessen wird das Preisniveau anhand des Preisindexes für die Lebenshaltung (= Warenkorb), vgl. auch Kapitel 10.
- Wie hoch der **Beschäftigungsstand** ist, wird anhand der Arbeitslosenquote gemessen. Liegt diese unter 3 %, spricht man von Vollbeschäftigung.
- Ein angemessenes und stetiges **Wirtschaftswachstum** liegt vor, wenn innerhalb eines Jahres 1-2 % mehr Güter und Dienstleistungen erzeugt wurden als im Vorjahr. Die Messgröße hierfür ist das reale BIP.
- Ob ein **außenwirtschaftliches Gleichgewicht** vorliegt, ermittelt man, indem vom gesamten Geldwert aller Waren, die deutsche Firmen ins Ausland exportierten, der gesamte Geldwert der Waren, die aus dem Ausland importiert wurden, abgezogen wird. Ist dieser Saldo positiv, spricht man von einer positiven Handelsbilanz (= Handelsbilanzüberschuss), ist er negativ, liegt eine negative Handelsbilanz (= Handelsbilanzdefizit) vor.

  Export – Import > 0 bedeutet Handelsbilanzüberschuss

  Export – Import < 0 bedeutet Handelsbilanzdefizit

- Das Ziel **Umweltschutz** setzt voraus, dass der Staat entsprechende Gesetze und Verordnungen erlässt, beispielsweise zur Förderung erneuerbarer Energien, zur Reduktion des CO_2-Ausstoßes bei der Erzeugung von Gütern, zum Recyceln von Rohstoffen etc.

Eine **gerechtere Verteilung von Einkommen/Vermögen** der Bürger kann durch eine höhere Besteuerung der Reichen erreicht werden bzw. durch staatliche Unterstützungen an weniger Begüterte, beispielsweise durch Arbeitslosengeld 2, Wohngeld, BAföG, Kindergeld etc.

KOHL VERLAG Wirtschaft ... Kurz, knapp und klar! – Bestell-Nr. 12 953

13 Grundlagen der Wirtschaftspolitik (Magisches Viereck)

Aufgabe 1: *Die Regierung will Maßnahmen für eine stabile, ausgeglichene Wirtschaft ergreifen. Ermittle zu jeder Maßnahme, welches Ziel damit verfolgt wird. Strebt man damit Preisstabilität, Beschäftigung, Wachstum oder außenwirtschaftliches Gleichgewicht an? Trage das Ziel ein und begründe, wie es mit der jeweiligen Maßnahme erreicht wird.*

	Maßnahme	Ziel
a)	Die Regierung erhöht die Lohnsteuer.	
b)	Die Regierung gibt den Gemeinden hohe Zuschüsse, wenn sie im Öffentlichen Nahverkehr E-Busse einsetzen.	
c)	Die jährliche Rentenanpassung beträgt dieses Jahr 7 %, letztes Jahr waren es 3 %.	
d)	Stellen Unternehmen Langzeitarbeitslose ein, bekommen sie dafür einen hohen Zuschuss.	
e)	Auf die Einfuhr von bestimmten Lebensmitteln aus dem Ausland werden weniger Zölle erhoben.	
f)	Die Regierung unterstützt Unternehmen mit Geldzulagen, die durch Corona Umsatzeinbußen hatten.	
g)	Die Regierung legt einen Höchstpreis für Gas von Unternehmen fest, die Gas liefern.	

KOHL VERLAG Wirtschaft ... Kurz, knapp und klar! – Bestell-Nr. 12 953

13 Grundlagen der Wirtschaftspolitik (Magisches Viereck)

Aufgabe 2: *Man unterscheidet vier Arten von Arbeitslosigkeit. Ordne die vier genannten Arten jeweils der richtigen Beschreibung durch eine Linie zu. Informiere dich dazu auch im Internet.*

Konjunkturelle Arbeitslosigkeit	**1**		**5**	Davon sind nur bestimmte Wirtschaftsbereiche betroffen, da aufgrund technologischer Veränderungen in diesen Bereichen bestimmte Berufe nicht mehr oder kaum noch gefragt sind. (z. B.: Immer mehr Roboter und Computerprogramme übernehmen die Arbeit von Menschen.)
Saisonale Arbeitslosigkeit	**2**		**6**	Sie ist eine eher schnell vorübergehende Arbeitslosigkeit, weil man z. B. seine alte Stelle gekündigt hat, aber in drei Monaten eine neue (z. B. besser bezahlte) antreten wird.
Strukturelle Arbeitslosigkeit	**3**		**7**	Diese betrifft nur bestimmte Arbeitnehmer und diese nur zu einer bestimmten Jahreszeit (z. B. Skilehrer im Sommer oder Erntehelfer im Winter).
Friktionelle Arbeitslosigkeit	**4**		**8**	Von ihr ist meist die gesamte Wirtschaft betroffen, beispielsweise aufgrund eines wirtschaftlichen Abschwungs.

Aufgabe 3: *Je nach Konjunkturphase ergreift die Regierung unterschiedliche Maßnahmen, um die Wirtschaft zu stabilisieren. Welche Maßnahme wird in welcher Phase (Expansion, Boom, Rezession, Depression) ergriffen? Trage diese jeweils ein und begründe dann auch deine Einschätzung.*

		Konjunkturphase
a)	Senkung der Einkommenssteuern.	
b)	Hohe Subventionen und Steuererleichterungen für Unternehmen, wenn sie sich in ländlichen Gebieten ansiedeln bzw. dort Filialen aufmachen.	
c)	Der Bau einer neuen Autobahn wird um ein Jahr verschoben.	
d)	Einstellung neuer Lehrer in Schulen.	

KOHL VERLAG Wirtschaft ... Kurz, knapp und klar! – Bestell-Nr. 12 953

13 Grundlagen der Wirtschaftspolitik (Magisches Viereck)

Aufgabe 4: *Du schaust dir eine Diskussionsrunde im Fernsehen an. Dabei erfährst du, dass Deutschland im letzten Jahr außenwirtschaftlich einen Handelsbilanzüberschuss erzielte. Am nächsten Tag erinnerst du dich nur noch an einige besprochene Themen, die du dir notierst. Welche davon wurden wohl als Ursachen des Überschusses benannt und welche nicht?*

Kreuze an und begründe deine Meinung darunter.

		ja	nein
a)	Neue, hochwertige CNC-Maschinen wurden vor allem in EU-Staaten exportiert.		
b)	Viele Deutsche machten wieder Urlaub in Italien.		
c)	Der Export von E-Autos nach China ist rückläufig.		
d)	Deutsche Start-Ups konnten mehr Dienstleistungen in den USA verkaufen.		
e)	Wegen des Ukraine-Krieges wurde Gas nun auch aus den USA importiert.		
f)	Die Einfuhr von Fleischwaren aus den EU-Ländern ging zurück.		

Aufgabe 5: *Um der rückläufigen Konjunktur entgegenzuwirken, beschließt die Bundesregierung, das Schienennetz der DB zu erneuern, neue Gasspeicher zu erstellen und weitere Windkraftanlagen vor der Küste zu installieren. Warum kann durch diese Maßnahmen die Konjunktur wieder zum Laufen gebracht werden?*

KOHL VERLAG Wirtschaft ... Kurz, knapp und klar! – Bestell-Nr. 12 953

13 Grundlagen der Wirtschaftspolitik (Magisches Viereck)

Aufgabe 6: Alle sechs Ziele zur Stabilität der Wirtschaft gleichzeitig zu erreichen, ist quasi nicht möglich, daher auch die Bezeichnung „Magisches Sechseck". Links werden Maßnahmen genannt, die die Regierung zur Erreichung eines dieser sechs Ziele ergreift.

a) *In der Mitte siehst du verschiedene solcher Ziele. Ziehe jeweils eine gerade Linie von der Maßnahme zum passenden Ziel.*

Leider gibt es auch negative Folgen der Maßnahmen, die praktisch jeweils das genaue Gegenteil eines der sechs Ziele darstellen. Das ist zwar kontraproduktiv aber tolerierbar, wenn der Nutzen des erreichten Ziels diesen Nachteil überwiegt.

b) *Ziehe nun jeweils eine gerade Linie vom durch die Maßnahme erreichten Ziel in der Mitte zur passenden negativen Folge der Maßnahme.*

Die aneinder gereihten Buchstaben ergeben das Lösungswort.

Lösungswort: _ _ _ _ _ _ _ _ _ _ _ _ _ _

Senkung der Steuern auf Sprit.	**1**
Einführung einer Steuer für Reiche.	**2**
Unternehmen bekommen Subventionen, wenn sie Waren herstellen, die zu 80 % recycelbar sind.	**3**
Erhöhung der Mehrwertsteuer um 2 %.	**4**
Die Stadtverwaltung kauft von einer deutschen Firma eine Sicherheitssoftware gegen Hacker-Angriffe.	**5**
Der gesetzliche Mindestlohn wird um 3 Euro pro Arbeitsstunde erhöht.	**6**

Buchstabe	Ziel	Nr.
L	Preisniveau stabilisieren.	**7**
N	Förderung des Wirtschaftswachstums in dieser Branche.	**8**
I	Der Umweltschutz wird verbessert.	**9**
E	Ankurbelung der Wirtschaft, denn die Haushalte haben nun mehr Geld für Konsumkäufe.	**10**
E	Es entsteht mehr Kaufkraft und mehr Nachfrage, also kann die Wirtschaft wachsen.	**11**
T	Gerechtere Vermögensverteilung.	**12**

Buchstabe	Negative Folge	Nr.
N	Da wieder mehr mit dem Auto gefahren wird, steigt die Umweltverschmutzung durch vermehrten CO_2-Ausstoß.	**13**
CK	Die Preise solcher Waren steigen, da in neue Herstellungsverfahren investiert werden muss, die Nachfrage und damit Wachstum sinken.	**14**
N	Unternehmen werden Mitarbeiter entlassen, weil die Lohnkosten steigen, also steigt so auch die Arbeitslosenquote.	**15**
G	Möglicherweise entsteht ein Handelsbilanz-Überschuss, da keine Firma des Auslands den Auftrag bekam.	**16**
W	Der Konsum der Reichen wird etwas zurückgehen, so wird es bei Unternehmen für Luxusgüter zu Einbußen und Arbeitsplatzverlust kommen.	**17**
U	Durch die Steuererhöhung wird weniger gekauft, aber das Wirtschaftswachstum wird so auch begrenzt.	**18**

14 Steuern

Aufgabe 1: *Schreibe jeweils die hinter dem Satzanfang stehende Zahl vor das dazu passende Satzende, sodass sich ein Satz ergibt. In der richtigen Reihenfolge ergeben die Buchstaben daneben dann den Lösungsspruch:*

Lösung: _ .

Unter Steuern versteht man Abgaben, die	**1**
Mit den eigenommenen Steuergeldern finanziert	**2**
Der Bau von Straßen, Kitas, Schulen und Universitäten	**3**
Aus Steuermitteln wird das	**4**
Das Gesundheitswesen bekommt Zuschüsse,	**5**
Die Errichtung neuer Windkraftparks wird	**6**
Zur Bewältigung all dieser Aufgaben braucht der Staat Angestellte und Beamte,	**7**
Fast 40 verschiedene Steuerarten gibt es,	**8**
Zu den direkten Steuern gehören die Lohn- und Einkommensteuer,	**9**
Weitere direkte Steuern sind die Gewerbe- bzw. Körperschaftsteuer,	**10**
Indirekte Steuern zahlt man beim Kauf	**11**
Die Mehrwertsteuer erhöht die Preise,	**12**
Steuern werden aber auch dazu eingesetzt,	**13**
Die Tabaksteuer wird erhoben,	**14**
Damit der Energieverbrauch verringert wird,	**15**
Besucht man eine Disco,	**16**
Steuern dienen auch der Umverteilung	**17**
Der Staat besteuert seine Bürger nicht gleichmäßig,	**18**

Nr.	Buchstabe	Satzende
	E	wobei man zwischen direkten und indirekten unterscheidet.
	E	die der Staat aus Steuereinnahmen bestreitet.
	A	um das Rauchen zu reduzieren.
	E	von Waren und Dienstleistungen in Form der Mehrwertsteuer.
	N	die Arbeitnehmer und Selbständige zahlen.
	E	wird durch Steuern finanziert.
	D	deren Entlohnung aus Steuereinnahmen erfolgt.
	R	um Verhaltensweisen der Bürger zu beeinflussen.
	S	an den Staat zu zahlen sind.
	U	gibt es die Ökosteuer.
	T	denn je höher das Einkommen ist, desto mehr Steuern müssen die Bürger auf dieses entrichten.
	G	die Unternehmer auf ihren Gewinn entrichten müssen.
	R	durch Steuern subventioniert.
	I	der Staat Gemeinschaftsaufgaben.
	C	ist im Eintrittspreis die Vergnügungssteuer enthalten.
	B	abgeführt wird diese Steuer dann von den Unternehmen.
	H	von Einkommen und Vermögen.
	W	Kinder- und Wohngeld gezahlt.

KOHL VERLAG Lernen mit Erfolg
Wirtschaft ... Kurz, knapp und klar! – Bestell-Nr. 12 953

14 Steuern

Aufgabe 2: *Warum bezeichnet man die Mehrwertsteuer und die Tabaksteuer als indirekte, die Einkommen- und die Erbschaftssteuer aber als direkte Steuern?*

____

____

____

____

Aufgabe 3: *Warum erhebt der Staat auf alkoholhaltige Getränke neben der Mehrwertsteuer noch die Alkoholsteuer? Und warum erhebt er auf Alkopop-Getränke neben diesen beiden Steuern sogar noch eine dritte Steuer, die Alkopopsteuer?*

____

____

____

____

Aufgabe 4: *In der Tabelle ist aufgeführt, wie hoch das durchschnittliche Gehalt in einer bestimmten Berufsgruppe ist und wieviel Lohnsteuer von diesem abgezogen wird, wenn man in der Steuerklasse 2 ist (Stand September 22). Leider haben sich dabei etliche Fehler eingeschlichen, es sind nämlich manche Gehälter vertauscht worden. Korrigiere dies, indem du dann die richtigen Zahlen dahinter schreibst.*

Die Steuerhöhe ist aufgerundet berechnet.

Beruf	Gehalt		Steuerhöhe
Krankenschwester	2300		752
Verkäuferin	2600		500
Facharzt	8800		2922
Vertriebsleiter	6300		3632
Manager VW	12300		5203

Aufgabe 5: *Wieviel an Steuern müsstest du zahlen, wenn du Nachhilfe-Unterricht gibst und damit im Monat 120 Euro verdienst?*

____

____

14 Steuern

Aufgabe 6: *Löse das Kreuzworträtsel.*

ä = AE
ö = OE
ü = UE

a) Auf einem … zahlst du automatisch auch Vergnügungssteuer.
b) Für diese Steuer machen fast alle eine Steuererklärung.
c) Die größeren Betriebe zahlen auch noch die …steuer.
d) Auf der Gehaltsabrechnung wird immer gleich die …steuer abgezogen.
e) Für euer eigenes Wohnhaus zahlen deine Eltern …steuer.
f) Wenn dein reicher Onkel dir 30 000 Euro überweist, wird die …steuer fällig.
g) Du bezahlst gerade das Benzin für dein Moped und dabei auch …steuer.
h) Rauchen soll teurer werden, da es ungesund ist. Der Staat erhöht also die …steuer.
i) Die …steuer bezahlt man immer automatisch, wenn man etwas kauft.
j) Dabei werden auf den Netto-… noch 19 % dazu gerechnet.
k) Aber für … beträgt der Prozentsatz nur 7 %.
l) Im Strompreis ist die …steuer mit enthalten.
m) Für ein leistungsstärkeres Auto muss man mehr … steuer bezahlen als für ein schwächeres.
n) Diese Behörde ist für alle Steuern zuständig.
o) Bei Reichen wird die Einkommensteuer mit einem höheren … berechnet.
p) Mancher denkt bei der Steuererklärung: „Von der … bis zur Bahre, Formulare."
q) „Wer sich im Steuer… auskennt, kann bares Geld sparen" sagen Steuerberater.
r) Mehrwertsteuer und Tabaksteuer sind …
s) Aber Einkommen- und Erbschaftssteuer sind …

Lösungswort:

1	2	3	4	5	6	7	8	9

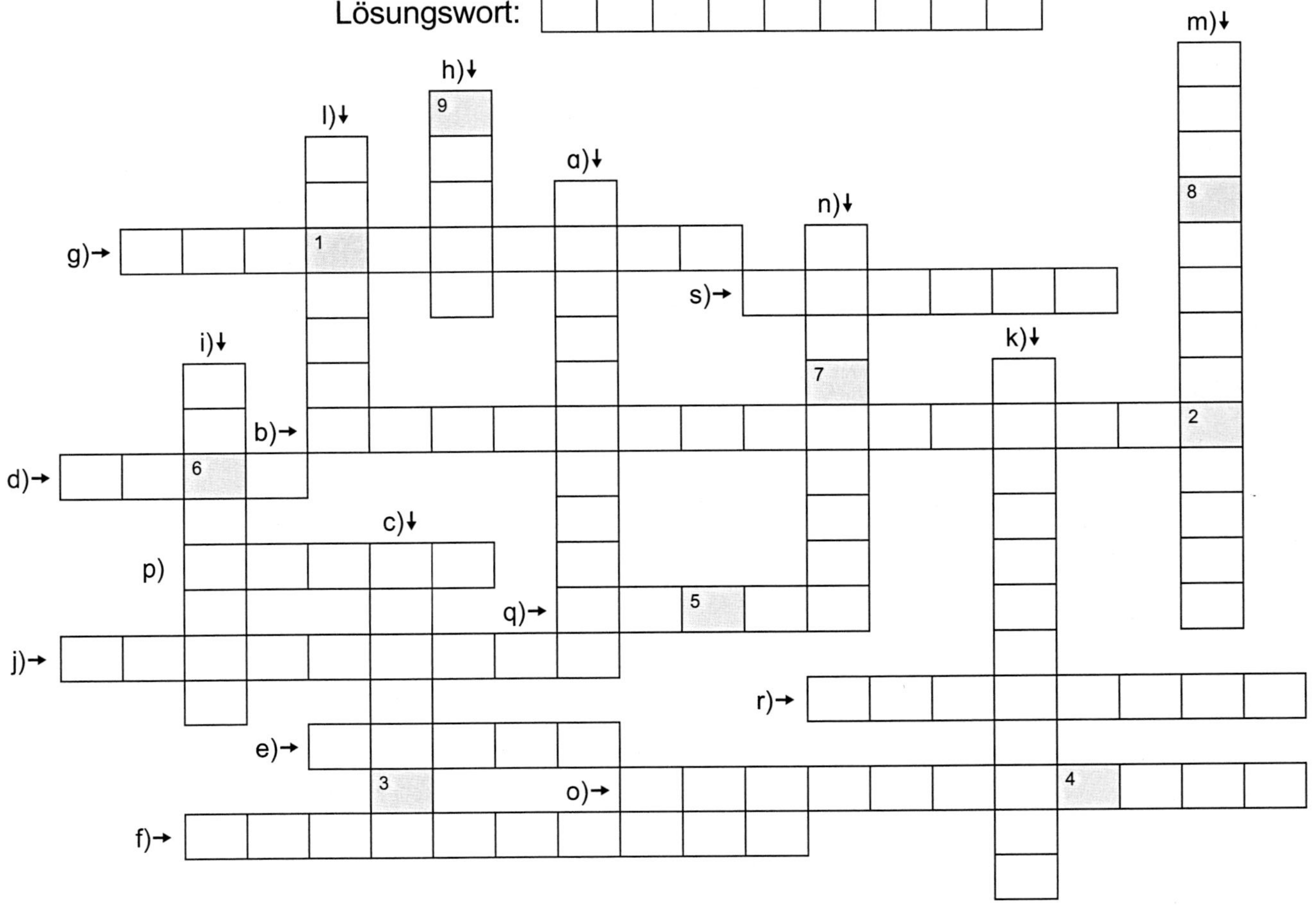

15 Außenwirtschaft

Den Handel mit ausländischen Staaten zu fördern ist eine weitere wirtschaftliche Aufgabe des Staates. Er soll dafür sorgen, dass Exporte in andere Staaten problemlos möglich sind, aber die heimische Wirtschaft sollte auch vor Konkurrenz aus sogenannten Billiglohn-Ländern geschützt werden.

Die Regierung erhebt so beispielsweise Zölle auf bestimmte Waren, die eingeführt werden, bzw. beschränkt deren Anzahl (= Festlegung eines Kontingents). Staatliche Verordnungen sollen darüber hinaus sicherstellen, dass importierte Waren den in Deutschland geltenden Umwelt- und Sicherheitsbestimmungen entsprechen.

Auch eine Auf- oder Abwertung des Euro gegenüber anderen Währungen beeinflusst den Handel. Eine Aufwertung des Euro würde z. B. dazu führen, dass weniger exportiert wird; denn das einführende Unternehmen im Ausland müsste ja nun mehr an eigener Währung für die in Euro ausgezeichneten Waren bezahlen als vorher.

Da die BRD ein rohstoffarmes Land ist, ist sie sehr abhängig davon, dass sie aus anderen Ländern Rohstoffe bekommt, z. B. Gas aus Russland. Technologisch hochwertige Güter deutscher Unternehmen z. B. aus der Autoindustrie, der Chemieindustrie, dem Maschinenbau etc. sind im Ausland sehr gefragt. So erzielen diese Unternehmen gute Gewinne beim Exportieren dieser Waren, was zu einer positiven Handelsbilanz führt.

Aufgabe 1: **a)** *Welche Waren, die nicht aus der EU eingeführt werden, sind mit Zöllen belegt? Nenne Beispiele, schaue auch im Internet danach.*

____

____

____

b) *Warum ist das bei diesen Waren der Fall?*

____

____

Wirtschaft ... Kurz, knapp und klar! – Bestell-Nr. 12 953

15 Außenwirtschaft

Aufgabe 2: *Beantworte die Fragen zum Text am Anfang des Kapitels.*

a) *Warum erhebt der Staat auf bestimmte Waren, die in die Bundesrepublik eingeführt werden, Zölle?*

b) *Worin besteht der Unterschied zwischen Zöllen und Kontingenten?*

c) *Welche Aufgabe haben staatliche Verordnungen bei der Einfuhr von Waren?*

d) *Wieso führt eine Aufwertung des Euro zu einer Abnahme der Exporte?*

e) *Werden Urlaubsreisen ins Ausland bei einer Aufwertung des Euro teurer?*

f) *Warum steigt der Preis für Gas immer weiter an?*

g) *Welche Art von Gütern exportiert Deutschland vor allem?*

h) *Wie entsteht die positive Handelsbilanz der BRD?*

KOHL VERLAG Wirtschaft ... Kurz, knapp und klar! – Bestell-Nr. 12 953

15 Außenwirtschaft

Aufgabe 3: *Elfenbein darf nur dann in die BRD eingeführt werden, wenn es in Musikinstrumenten verarbeitet wurde oder in Antiquitäten. Es muss auch dann noch eine Genehmigung dazu von der EU vorliegen. Überlege, warum das der Fall ist.*

Aufgabe 4: *Wird Fleisch aus Nicht-EU-Ländern nach Deutschland importiert, muss die Einfuhr genehmigt werden. Warum ist das deiner Ansicht nach der Fall?*

Aufgabe 5: *Deine Eltern haben für euren Urlaub in Dänemark eine Ferienwohnung gemietet. Du erfährst in den Nachrichten, dass die Währung von Dänemark, die Krone, aufgewertet wurde. Wird euer Urlaub nun teurer oder billiger werden?*

Aufgabe 6: *Als ihr letztes Jahr Urlaub auf Usedom gemacht habt, wart ihr auch in Polen. Dein Vater, der Raucher ist, kaufte sich 10 Schachteln Zigaretten, da diese dort wesentlich billiger sind als in Deutschland. Du überlegst, ob er diese nicht hätte verzollen müssen. Hätte er das korrekterweise tun müssen?*

15 Außenwirtschaft

Aufgabe 7: *Für einen Euro bekam man letztes Jahr 0,97 Dollar. Nun hat sich der Wechselkurs geändert, man bekommt 1,02 Dollar. Apple freut sich darüber. Im letzten Jahr hat das Unternehmen für 800 000 Euro Smartphones nach Deutschland exportiert. Um wieviel Dollar würde sein Umsatz dieses Jahr zunehmen, wenn es wieder die gleiche Menge an Waren in Deutschland verkaufen würde?*

___

___

___

___

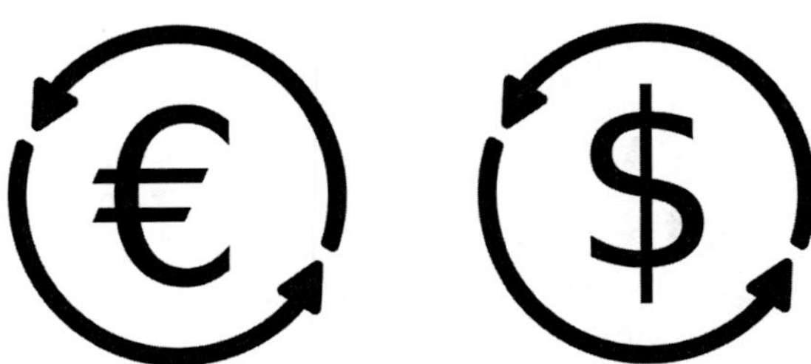

Aufgabe 8: *Noch einmal geht es um eine Wechselkursänderung des Euro. Bringe die Aussagen in die richtige logische Reihenfolge, indem du sie links mit Nummern versiehst.*

a)		Wie sieht es nun andererseits für einen amerikanischen Exporteur aus?
b)		Angenommen, der Euro kostete vorher genau 1 Dollar und wird jetzt um 20 Cent aufgewertet.
c)		Ein amerikanisches Unternehmen, das Waren nach Deutschland exportiert, erhält mehr Geld in Dollar für die zunächst in Euro bezahlte Ware.
d)		Wir betrachten zunächst die Situation für einen amerikanischen Importeur.
e)		Der Export aus den USA nach Deutschland hat also – sowohl in Geldwert gemessen als auch in Stückzahl – zugenommen.
f)		Ein Euro kostet nun 1,20 Dollar.
g)		Wenn eine Ware aus den USA 100 Dollar kostet, muss ein deutscher Importeuer nur noch 83,33 Euro für sie zahlen.
h)		Also wird er weniger von der teureren deutschen Ware kaufen und der Import aus Deutschland, gemessen in Stückzahlen, wird abnehmen.
i)		Damit hat der Export aus den USA, gemessen in Geldwert, also Dollar, zugenommen.
j)		Für eine deutsche Ware im Gegenwert von 100 Euro muss nun ein amerikanischer Importeur 20 Dollar mehr bezahlen.
k)		Dieser Warentransfer aus den USA lohnt sich aber auch für den deutschen Importeur, der diese Ware importiert.
l)		Von der günstigeren Ware wird er, gemessen in Stückzahl, mehr aus den USA importieren.

KOHL VERLAG Wirtschaft ... Kurz, knapp und klar! – Bestell-Nr. 12 953

16 Die wirtschaftliche Bedeutung der Europäischen Union

Die Europäische Union ist eine Wirtschaftsgemeinschaft von momentan 27 Staaten. Sie wurde am 01.11.1993 durch den Vertrag von Maastricht gegründet. 19 EU-Staaten haben den Euro als Währung. Werden Waren und Dienstleistungen von einem EU-Land in ein anderes exportiert oder importiert, gibt es dabei keine Zölle oder andere Handelsbeschränkungen, man spricht von einem freien Warenverkehr.

Die EU hat einen eigenen Haushalt. Jedes EU-Land zahlt in diesen einen Betrag ein, der von der Höhe des BIP des jeweiligen Landes abhängt. Die Mittel dieses Haushalts werden unter anderem dazu verwendet, die Ansiedlung neuer Betriebe und somit neue Arbeitsplätze zu schaffen, das Gesundheitswesen zu verbessern, die Verkehrs- und Infrastruktur der Länder auszubauen, Energieverbindungen zwischen den Ländern herzustellen etc.

Die Bürger der EU-Staaten können frei wählen, in welchem Land sie arbeiten bzw. wohnen wollen. Der Lebensstandard der Bürger ist in den Ländern der EU seit ihrer Gründung beständig gestiegen. Allerdings gibt es zwischen den einzelnen Ländern der EU, vor allem zwischen den Nord- und Südstaaten, relativ große Unterschiede, betrachtet man z. B. die Arbeitslosenquote oder die Staatsverschuldung.

Vor allem die südlichen Länder verschuldeten sich immer mehr, z. B. Griechenland, wofür letztlich die reicheren Länder durch Hilfsprogramme aufkommen müssen. Auch wird kritisiert, dass den reicheren Ländern, die ja mehr Geld in den EU-Haushalt einzahlen, dieses fehlen könnte, um die eigene Wirtschaft aus einer Konjunkturflaute zu bringen.

Im Vertrag von Maastricht haben sich alle EU-Staaten auch verpflichtet, die Menschenrechte und demokratische Strukturen einzuhalten. Sollte das in einem Land nur unzureichend praktiziert werden, drohen diesem Strafzahlungen oder Kürzungen von Zuwendungen aus dem EU-Haushalt.

Aufgabe 1: *In allen EU-Staaten gelten einheitliche Vorschriften für die Beschaffenheit der Waren, und beim Warenverkehr untereinander gibt es keine Zölle. Welche Vorteile bringt das den Bürgern?*

____

____

____

Aufgabe 2: *Der Kurs des Euro gegenüber dem Dollar ist gefallen. Hat dies Auswirkungen auf die Importe von Waren innerhalb der EU?*

____

____

16 Die wirtschaftliche Bedeutung der Europäischen Union

Aufgabe 3: **a)** *Trage in die Landkarte die Nummern (siehe Tabelle unten) der EU-Länder an den richtigen Stellen ein.*

b) *Setze anschließend einmal in der Karte und einmal unten in der Tabelle jeweils ein Euro-Zeichen bei den 19 Ländern, die den Euro als Währung eingeführt haben.*

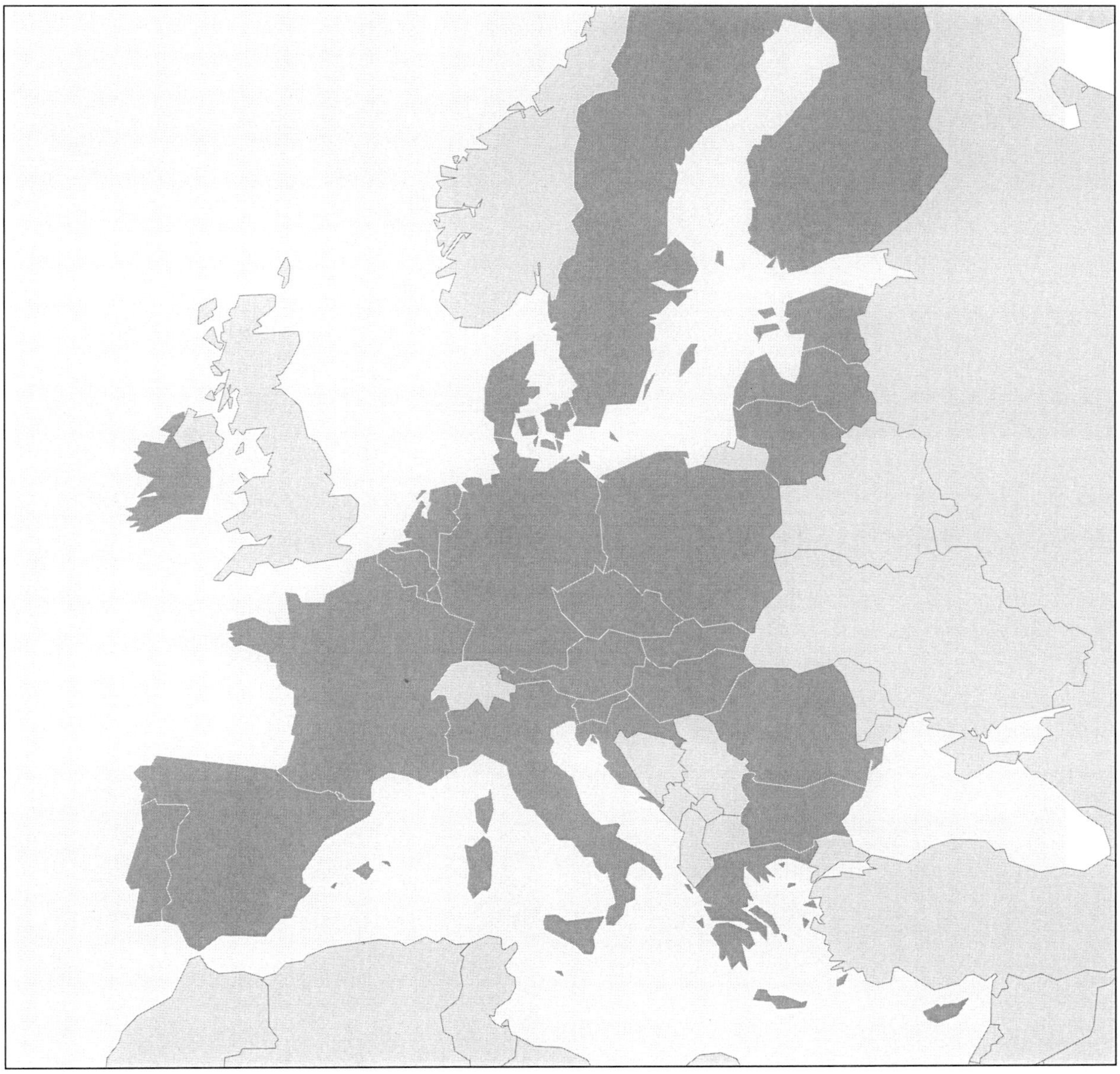

1	Belgien
2	Bulgarien
3	Dänemark
4	Deutschland
5	Estland
6	Finnland
7	Frankreich
8	Griechenland
9	Kroatien

10	Irland
11	Italien
12	Lettland
13	Litauen
14	Luxemburg
15	Malta
16	Niederlande
17	Österreich
18	Polen

19	Portugal
20	Rumänien
21	Schweden
22	Slowakei
23	Slowenien
24	Spanien
25	Tschechische Republik
26	Ungarn
27	Zypern (ohne Nordteil)

Wirtschaft ... Kurz, knapp und klar! – Bestell-Nr. 12 953

16 Die wirtschaftliche Bedeutung der Europäischen Union

Aufgabe 4: *Welche Vorteile ergeben sich für dich selbst, weil du in einem EU-Land lebst? Nenne mindestens 3 Beispiele.*

___

___

___

___

Aufgabe 5: *Ergänze den Text, indem du die Lücken mit den richtigen Wörtern aus dem Kasten ausfüllst.*

Arbeitslosigkeit – befristete – Facharbeitermangel – Fachkräfte – Freizügigkeit – niedrig – Sozialleistungen – Spanien – Spargelstecher – Unternehmen – Unterstützung – Vorschriften

Bürokratische ________________ in den EU-Staaten beeinträchtigen die Gründung neuer ________________ und damit die Schaffung neuer Arbeitsplätze. Bürger aus Staaten mit hoher ____________________ wandern in andere EU-Staaten ab, um dort Arbeit zu finden, was aber häufig nicht der Fall ist und sie so dann ____________________ (z. B. Arbeitslosengeld 2) dieser Staaten bekommen, was dazu führen kann, dass dann Gelder zur ________________ der eigenen Bevölkerung fehlen. Andererseits kann der momentane ____________________ in Deutschland in bestimmten Branchen reduziert werden, denn durch die ______________ der Arbeitsplatzwahl kommen z. B. aus Italien und ________________, wo es eine hohe Arbeitslosigkeit gibt, ________________, in die BRD. Auch eher ________________ qualifizierte, ____________ Jobs (beispielsweise Erntehelfer, ____________________, Arbeiter in der Fleischindustrie ...), die Deutsche nicht annehmen wollen, können so besetzt werden.

Aufgabe 6: *Du hast ein sehr lukratives Angebot für einen Job in Spanien bekommen. Man zahlt dir 10 % mehr Lohn als für einen vergleichbaren Job hier in Deutschland. Du überlegst daher, nach Spanien zu ziehen. Welche Vor- und welche Nachteile hätte in diesem Fall ein Umzug nach Spanien?*

___

___

___

___

___

___

___

Exkurs: Die Börse

Konjunkturverläufe, Konzentrationen von Unternehmen und der weltweite Austausch von Waren und Dienstleistungen spiegeln sich auch an der Börse wieder. Die Börse ist ein Markt für Wertpapiere. Darunter versteht man, dass hier Aktien, Anleihen, Fonds, ETFs und andere Wertpapiere gehandelt werden.

Eine **Aktie** ist eine Bescheinigung, dass du einem Unternehmen, welches die Rechtsform einer Aktiengesellschaft (= AG) hat, Kapital gegeben hast. Dem Aktionär gehört damit ein Teil der AG, z. B. der Greifarm eines „Robis" am Fließband bei VW, natürlich nur anschaulich gemeint. Der Kurswert einer Aktie ist der Wert, den die Aktie momentan hat, er bildet sich ständig durch Angebot und Nachfrage nach dieser Aktie an der Börse. Ist eine Aktie begehrt, z. B. weil die Geschäfte dieser AG gut laufen bzw. sie gefragte oder innovative Produkte anbietet, werden viele diese Aktie haben wollen, und der Kurs steigt. Laufen die Geschäfte hingegen schlecht, werden viele die Aktien dieser AG verkaufen – und der Kurswert sinkt. Heutzutage werden Aktien nicht mehr als gedruckte Wertpapiere ausgegeben, sondern nur noch virtuell, das heißt bei Kauf oder Verkauf notiert deine Bank in deinem Depot, welche Aktien in welcher Anzahl du besitzt.

Besitzt man Aktien, hat man das Recht, am Gewinn der AG beteiligt zu werden. Der Gesamtgewinn der AG wird am Ende des Geschäftsjahres durch die Anzahl aller Aktien geteilt. Pro Aktie, die man besitzt, bekommt man dann einen Anteil, der als **Dividende** bezeichnet wird. Im sogenannten DAX werden die 30 größten und umsatzstärksten deutschen AGs aufgeführt, im sogenannten Dow Jones die amerikanischen.

Staaten und Großunternehmen benötigen häufig sehr hohe Kreditsummen, die eine Bank allein nicht aufbringen kann oder will. In diesem Fall gibt es die Möglichkeit, die benötigte Summe quasi in viele kleine Teile zu 100 Euro (oder auch höhere Beträge) zu stückeln, und sich so die Summe nicht von einem Gläubiger (= Bank) zu leihen, sondern von den Bürgern. Diese Anteile, also die auf 100 Euro lautenden Schuldscheine, bezeichnet man als **Anleihe** oder auch Obligation. Es ist eine Urkunde, in der der Schuldner verspricht, zu einem vorher bestimmten Zeitpunkt, z. B. im Jahre 2030, diese 100 Euro zurückzuzahlen und natürlich auch einmal oder mehrmals im Jahr an den Gläubiger Zinsen zu entrichten.

KOHL VERLAG Wirtschaft ... Kurz, knapp und klar! – Bestell-Nr. 12 953

Exkurs: Die Börse

Bei einem **Fond** kauft und verkauft ein Profi, der Fondsmanager, Wertpapiere. Das setzt natürlich voraus, dass er Geld für seine Aktionen hat. Dieses bekommt er von allen, die seinem Fond „beitreten", das heißt Anteile an diesem Fond erwerben. Jeder Fond ist auf einen bestimmten Bereich spezialisiert, z. B. werden nur Aktien mit einer hohen Dividendenausschüttung gekauft, nur Agraraktien, nur Aktien Chinas, Aktien mittelständiger Unternehmen, Anleihen weltweit etc.

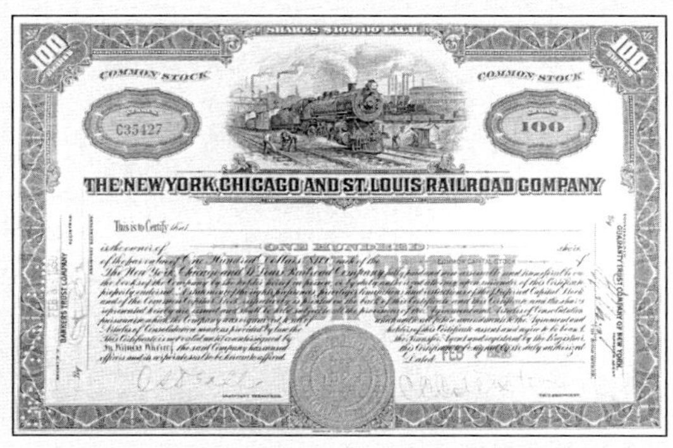

Ein Manager ist erfolgreich, wenn es ihm gelingt, die Aktien bzw. Anleihen seines Segments auszuwählen, deren Kurse steigen, wodurch sich das Vermögen des Fonds vermehrt, sein Kurswert also an der Börse steigt. Fallen Aktienkurse eines Unternehmens des Fonds, gleicht möglicherweise der Kursanstieg einer anderen Aktie den Verlust aus. Selbstverständlich kann der Manager auch Fehlentscheidungen treffen oder ist einfach nicht gut, dann wird der Kurs des Fonds auf der Stelle treten oder fallen.

Ein sogenannter **ETF** ist einem Fond vergleichbar, allerdings gibt es keinen Manager, der Wertpapiere kauft oder verkauft. Dabei werden „in einen Korb" einmalig Wertpapiere getan, die unveränderbar in diesem verbleiben, niemand kauft oder verkauft sie. Es gibt sehr unterschiedliche ETFs. Ein paar Beispiele: Ein DAX-ETF, in ihm sind alle Aktien des DAX enthalten, der MSCI-World ist ein Index, der mehr als 1600 Aktien aus Industrieländern enthält, im ISHS-IV-Auto-Robotic finden sich Firmen, die sich mit künstlicher Intelligenz beschäftigen.

Es gibt auch ETFs, die Anleihen beinhalten oder eine Kombination aus Aktien und Anleihen. Wolltest du beispielsweise die Aktien von Amazon, Google und Facebook erwerben, müsstest du dafür zuerst einmal sehr viel Geld bezahlen. Kaufst du aber einen ETF, in dem unter anderem diese Aktien enthalten sind, wäre dafür nur ein Bruchteil an Euro erforderlich.

Man kann allerdings nicht selbst an der Börse derartige Wertpapiere erwerben, sondern muss eine Bank damit beauftragen, dieses für einen zu tun, die dafür natürlich Gebühren verlangt. Dazu ist zunächst ein Depot erforderlich. Das ist quasi eine Art Schließfach bei einer Bank, in das deine gekauften Wertpapiere gelegt werden. Natürlich gibt es heute keine realen Schließfächer mehr, sondern diese existieren quasi als virtuelle Tresore auf der Festplatte deiner Bank.

Gibt es beispielsweise in Deutschland einen konjunkturellen Aufschwung, spiegelt sich das am Steigen des DAX wieder. Geben Staaten neue Anleihen mit einem hohen Zinssatz aus, da sie Geld benötigen, um ihre Subventionen oder Transferzahlungen im Abschwung zu erhöhen, werden diese Anleihen bald im Kurs wegen des guten Zinssatzes steigen. Steigen die Umsätze und somit auch die Aktienkurse einer Branche, z. B. für Roboter herstellende Firmen, spiegelt sich das im Steigen des entsprechenden ETFs bzw. Fonds wider.

Die Börse gibt also Auskunft darüber, wie die Konjunktur läuft, wie gut sich Firmen am Markt behaupten, wieviel Geld der Staat für seine Aufgaben benötigt und welches Land gute Auslandsgeschäfte macht.

Für eigene Aktivitäten an der Börse und weitere Beschäftigung mit ihr findest du auch Tipps in meinem Skript „Geld anlegen – aber richtig".

17 Wirtschaft zusammengefasst

Aufgabe 1: **a)** *Bedürfnisse können zum einen nach ihrer Dringlichkeit bei der Befriedigung unterschieden werden in Existenz-, Kultur- und Luxusbedürfnisse, zum anderen, ob sie materieller oder immaterieller Art sind. Welche Bedeutung haben beide Unterscheidungsarten für eine Volkswirtschaft?*

b) *Erläutere den Zusammenhang zwischen Bedürfnissen und dem Bedarf.*

Aufgabe 2: *Erläutere die drei Produktionsfaktoren und ihr Zusammenspiel bei der Herstellung von Waren und Dienstleistungen.*

17 Wirtschaft zusammengefasst

Aufgabe 3: **a)** *Alle Unternehmen einer Volkswirtschaft kann man in vier Bereiche unterteilen. Erläutere diese.*

b) *Beim Vergleich einzelner Länder wird in der Regel einer der vier Sektoren dominieren. Was kann daraus geschlussfolgert werden?*

Aufgabe 4: *Bedürfnisse werden durch die Kombination der Produktionsfaktoren befriedigt. Das geschieht im Wirtschaftskreislauf, den du beschreiben sollst. Beachte dabei: monetäre und reale Ströme, Haushalte, Unternehmen, Kapitalsammelstellen, Steuern, Transferzahlungen, Subventionen, Ausland.*

Aufgabe 5: *Was besagt die Höhe des BIP eines Landes, was die des BNP?*

KOHL VERLAG Wirtschaft ... Kurz, knapp und klar! – Bestell-Nr. 12 953

17 Wirtschaft zusammengefasst

Aufgabe 6: *Die am Wirtschaftsprozess Beteiligten verhalten sich bei ihrem Tun in der Regel nach dem Minimal- bzw. Maximalprinzip. Erkläre diese beiden Prinzipien und nenne für beide jeweils ein Beispiel.*

____

____

____

____

____

____

Aufgabe 7: **a)** *Erläutere den Unterschied zwischen Kooperation und Konzentration bei Unternehmen.*

____

____

____

____

b) *Nenne Gründe, warum es zu immer mehr Kooperation und Konzentration bei Unternehmen kommt.*

____

____

Aufgabe 8: *Erkläre, was unter einem Markt zu verstehen ist und wie auf diesem die Preisbildung erfolgt.*

____

____

____

____

____

____

____

____

____

____

17 Wirtschaft zusammengefasst

Aufgabe 9: *Erläutere, welche Kriterien das Wirtschaftssystem der Sozialen Marktwirtschaft auszeichnen.*

Aufgabe 10: *Stabilität der wirtschaftlichen Entwicklung ist eine weitere Aufgabe des Staates in der Sozialen Marktwirtschaft. Anhand von sechs Kriterien wird gemessen, ob ihm dies gelingt. Nenne diese und erläutere sie.*

Aufgabe 11: *Erläutere, was unter Konjunktur zu verstehen ist und welche vier Phasen es bei dieser gibt.*

KOHL VERLAG Wirtschaft ... Kurz, knapp und klar! – Bestell-Nr. 12 953

17 Wirtschaft zusammengefasst

Aufgabe 12: **a)** *Durch welche Maßnahmen kann der Staat einen konjunkturellen Aufschwung unterstützen?*

b) *Welche Maßnahmen sollte die Regierung im Boom treffen?*

Aufgabe 13: **a)** *Zölle verteuern ein- bzw. ausgeführte Waren. Was will der Staat mit Zöllen erreichen?*

b) *Erhöht der Staat die Zölle auf importierte Waren, wird das betroffene Land möglicherweise wie reagieren?*

c) *Welche Vorteile haben Kontingente gegenüber Zöllen?*

Aufgabe 14: *Die meisten Staaten der EU haben den Euro als Währung. Welche Vorteile ergeben sich dadurch für den Handel untereinander?*

17 Wirtschaft zusammengefasst

Aufgabe 15: *Welche der folgenden Aussagen sind richtig, welche falsch? Kreuze an und korrigiere dann die falschen Aussagen in deinem Heft.*

		Richtig	Falsch
a)	Bedürfnisse können nach ihrem Dringlichkeitsgrad bei der Befriedigung unterschieden werden oder ob sie materieller bzw. immaterieller Art sind.		
b)	Die Bedürfnisbefriedigung wird durch den Bedarf begrenzt.		
c)	Nur wenn Verbraucher mit ihrem Bedarf Nachfrage ausüben, erfolgt Umsatz bei den Unternehmen.		
d)	Zur Kombination der Produktionsfaktoren braucht man den Faktor Arbeit bei der Erstellung von Waren.		
e)	Die Qualität des Produktionsfaktors Arbeit hängt von der Teamfähigkeit der Arbeitnehmer ab.		
f)	Produktionsgüter sind das Kapital eines Unternehmens.		
g)	Das Geld, welches die Bürger auf ihrem Sparbuch haben, um sich damit später Konsumgüter zu kaufen, ist ihr Kapital.		
h)	Der quartäre Wirtschafssektor beinhaltet alle Dienstleistungen, die Unternehmen den Nachfragern zur Verfügung stellen.		
i)	Das BNP drückt aus, wie viele Waren und Dienstleistungen – bewertet zu ihren Verkaufspreisen – in Deutschland in einem Jahr erzeugt wurden.		
j)	Von den Unternehmen erhält der Staat die Einkommensteuer bzw. Körperschaftssteuer, die Gewerbesteuer, die Abführung der Mehrwertsteuer, die Kapitalertragssteuer.		
k)	Subventionen gelten als Transferzahlungen an die Unternehmen.		
l)	Alle Unternehmen, mit denen deutsche Firmen Waren austauschen, die nicht in Deutschland ansässig sind, werden wirtschaftlich als Ausland betrachtet.		
m)	Handelt ein Verbraucher nach dem Minimalprinzip, ist es sein Bestreben, mit seinem zur Verfügung stehenden Einkommen möglichst viele Waren gleichzeitig zu erwerben.		
n)	Handelt ein Unternehmer nach dem Maximalprinzip, wird er versuchen, die Kosten bei der Produktion seiner Waren beständig zu verringern.		
o)	Unter Tilgung eines Kredits versteht man, dass dieser in Raten über einen bestimmten Zeitraum zurückgezahlt wird.		
p)	Bei einer Bürgschaft dient eine zweite Person als Sicherheit für den gewährten Kredit, welche im Falle, dass der Kreditnehmer seine Raten nicht mehr zahlt, diese für ihn übernehmen muss.		
q)	Verpflichten sich wirtschaftlich selbständig bleibende Unternehmen durch Verträge zur Zusammenarbeit, entsteht ein Kartell.		
r)	Bei einer Fusion von Unternehmen erfolgen gegenseitige Kapitalbeteiligungen. Ein Konzern entsteht, wenn sich Unternehmen zu einem neuen zusammenschließen und dabei ihre eigene Selbständigkeit aufgeben.		

KOHL VERLAG Lernen mit Erfolg Wirtschaft ... Kurz, knapp und klar! – Bestell-Nr. 12 953

17 Wirtschaft zusammengefasst

Aufgabe 16: *Welche der folgenden Aussagen sind richtig, welche falsch? Kreuze an und korrigiere dann auch die falschen Aussagen in deinem Heft.*

		Richtig	Falsch
a)	Die Ziele von Unternehmenszusammenschlüssen bzw. Kartellen sind u. a. die langfristige Gewinnmaximierung, der Ausbau der Marktmacht und die Ausschaltung des Wettbewerbs.		
b)	Unter einem Markt versteht man einen Ort, an dem Anbieter von Gütern und Dienstleistungen und Nachfrager (danach) aufeinander treffen und sich der Preis für diese bildet.		
c)	Je höher der Preis für ein Gut ist, desto mehr wird von ihm angeboten, je niedriger der Preis, desto weniger wird angeboten.		
d)	Steigt die Inflationsrate, verringert sich die Kaufkraft der Haushalte.		
e)	Die Bundesanstalt für Statistik ermittelt die Inflationsrate durch den Preisindex für die Lebenshaltungskosten.		
f)	Soziale Marktwirtschaft bedeutet, dass der Staat in das Marktgeschehen eingreift, beispielsweise erlässt er Gesetze zum Umweltschutz bei der Güterproduktion.		
g)	In der BRD gibt es einen gesetzlich festgelegten Mindestlohn, gültig für alle Betriebe.		
h)	In einer konjunkturellen Phase der Rezession haben die Unternehmen Absatzschwierigkeiten, die Preise gehen zurück, die Gewinne schrumpfen, Arbeitskräfte werden entlassen, die Aktienkurse an den Börsen steigen leicht an.		
i)	Ein Ziel des Magischen Vierecks ist ein hoher Beschäftigungsstand. Liegt die Arbeitslosenquote unter 5 %, ist ein solcher erreicht.		
j)	Deutschland hat ein außenwirtschaftliches Gleichgewicht erreicht, wenn der Wert aller Waren, die exportiert wurden, ausgedrückt in Euro, dem Wert entspricht, die importiert wurden.		
k)	Mit seinen Einnahmen aus Steuergeldern finanziert der Staat u. a. seine Gemeinschaftsaufgaben.		
l)	Die Mehrwertsteuer erhöht die Preise, sie wird von den Haushalten gezahlt und von den Unternehmen an den Staat abgeführt.		
m)	Die Erhebung von Zöllen auf Waren, die exportiert werden, dient dem Schutz der heimischen Unternehmen.		
n)	Eine Aufwertung des Euro wird dazu führen, dass weniger exportiert wird, denn das einführende Unternehmen im Ausland muss ja nun weniger an eigener Währung für die Waren bezahlen als vorher.		
o)	Da es keine Zölle gibt, wenn Waren innerhalb der EU-Staaten exportiert oder importiert werden, spricht man von einem freien Warenverkehr.		
p)	Die EU hat einen eigenen Haushalt, dessen Mittel u. a. dazu verwendet werden, die Ansiedlung neuer Betriebe und somit neuer Arbeitsplätze zu schaffen.		
q)	In Form von Anleihen leiht sich der Staat von seinen Bürgern Geld, das er verspricht, im nächsten Jahr plus Zinsen zurückzuzahlen, so kann er die Schuldenbremse einhalten.		

18 Wirtschaft aktuell

Du findest im Folgenden Aufgaben, die sich mit aktuellen Problemen der Wirtschaft beschäftigen (Stand Oktober 22).

Aufgabe 1: Durch den Ukraine-Krieg ist die augenblickliche Inflationsrate mit fast 10 % so hoch wie seit 30 Jahren nicht mehr. Du findest hier Fakten, die diesen Problembereich behandeln, aber leider durcheinander geraten sind.

Bringe die Sätze wieder in die richtige Reihenfolge, indem du Nummern davorsetzt.

a)		Als Gegenmaßnahme lässt Putin Gaslieferungen über die Nordstream-Leitungen stoppen bzw. reduzieren.
b)		Es fehlen hier Rohmaterialien wie Neongas, das zur Herstellung von Halbleitern gebraucht wird, das Edelmetall Palladium und das für den Bau von Elektroautos wichtige Nickel.
c)	2	Ohne diesen Handel fehlen für viele Produkte die zu ihrer Herstellung benötigten Rohstoffe oder Vorprodukte, die man bisher hauptsächlich aus Russland und der Ukraine bezog. So auch große Mengen des in Europa verbrauchten Weizens.
d)	12	Starke Auswirkungen hat der Krieg auch auf den Autobau.
e)		Reedereien haben beispielsweise ihre Container-Schifffahrten von und nach Russland oder die Ukraine ausgesetzt.
f)		Betroffen hiervon ist u. a. die chemische Industrie, welche z. B. Kunststoffe und Düngemittel für die Landwirtschaft herstellt.
g)		Steigende Energiepreise verteuern vor allem auch die Produkte, die nur mit viel Energie hergestellt werden können.
h)		Ein Drittel des in Deutschland gebrauchten Öls und die Hälfte des Erdgases kam bisher aus Russland.
i)		Es gilt ja: Verknappt sich das Angebot auf den Märkten, dann steigen die Preise.
j)	5	Vor allem die EU-Staaten verhängten wirtschaftliche Sanktionen gegenüber Russland und liefern Waffensysteme an die Ukraine.
k)		Jetzt müssen diese fossilen Energieträger aus anderen Ländern importiert werden, was die Preise dafür immer weiter ansteigen lässt.
l)		Durch den Krieg in der Ukraine sind die Handelsbeziehungen zwischen Deutschland, der Ukraine und Russland fast zum Erliegen gekommen.
m)		Die Folge: Ob Brot, Nudeln oder der Kuchen beim Bäcker, die Preise dieser Waren steigen weiter. Auch in dieser Branche sind wie allgemein wichtige Lieferketten unterbrochen.

Aufgabe 2: *Nenne Möglichkeiten, die die Regierung ergreifen kann, um von der Inflation besonders stark betroffene Unternehmen zu unterstützen.*

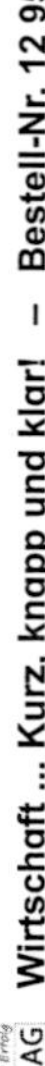

18 Wirtschaft aktuell

Aufgabe 3: *Wenn die Regierung die Bürger bei einer hohen Inflationsrate durch Zuwendungen unterstützt, muss sie neue Schulden aufnehmen. Der Finanzminister wehrt sich dagegen, denn damit sei die Schuldenbremse für den Bundeshaushalt gefährdet. Was ist unter dieser zu verstehen und warum würde sie mit diesen Maßnahmen gefährdet?*

____

____

____

____

____

____

____

Aufgabe 4: *Der Staat wird wahrscheinlich in der momentanen Situation neue Anleihen zur Finanzierung seiner Maßnahmen herausgeben, das heißt er leiht sich Geld von den Bürgern.*
Stell den sich für den Staat ergebenden Ablauf dar, indem du die Aussagen durch Pfeile verbindest.

a) Schuldenbremse beschränkt neue Verschuldung

b) jährlich Zinsen an die Käufer der Anleihen zahlen

c) Gefahr einer Rezession

d) braucht für seine Maßnahmen Einnahmen

e) Steuerhöhungen

f) Anleihen verkaufen, d. h. Geld von Bürgern leihen

g) braucht dringend andere Einnahmen

h) Betrag der Anleihe später zurückzahlen

i) geringere Kaufkraft der Bürger

Aufgabe 5: *Warum haben die Banken die Zinsen für Sparguthaben in den letzten beiden Jahren erhöht?*

____

____

____

____

KOHL VERLAG Wirtschaft ... Kurz, knapp und klar! – Bestell-Nr. 12 953

18 Wirtschaft aktuell

Aufgabe 6: *Die Bundesregierung plant eine baldige Deckelung der Energiepreise, um die Bürger so vor weiter steigenden Kosten in diesem Bereich zu entlasten. Was ist unter einer solchen zu verstehen? Wie wird diese finanziert?*

Aufgabe 7: *Obwohl die Wirtschaft wegen der hohen Preise in eine Rezession abzugleiten droht, gibt es in bestimmten Gewerben Arbeitskräftemangel, z. B. in der Gastronomie und in der Krankenpflege. Führe dafür Gründe an.*

Aufgabe 8: **a)** *Die Bevölkerung klagt über Kaufkraftschwund durch die hohe Inflationsrate. Erkläre, was darunter zu verstehen ist.*

b) *Welche Bedürfnisse werden durch diesen zuerst reduziert? Nenne auch Beispiele dafür.*

Aufgabe 9: *Welche Wirtschaftsbereiche sind von der hohen Inflation am stärksten betroffen und warum?*

18 Wirtschaft aktuell

Aufgabe 10: *Bei einer beginnenden Rezession, die viele Wirtschaftsexperten für das nächste Jahr befürchten, drohen vor allem die Arbeitslosenzahlen zu steigen. Auf der linken Seite stehen Maßnahmen, die der Staat ergreifen kann, um einer drohenden Arbeitslosigkeit vorzubeugen. Ziehe von diesen jeweils eine Linie zu dem dazu passenden Text auf der rechten Seite.*

Er vergibt Aufträge an die Wirtschaft, z. B. für den Bau einer neuen Straße, Schule, Kita.	**1**	**6**	Das erhöht die Kaufkraft der Bürger und damit die Nachfrage, sodass die Unternehmen zur Produktion dieser Güter wieder Arbeitnehmer benötigen.
Er senkt die Steuern bzw. Sozialversicherungsbeiträge.	**2**	**7**	Bedingung dafür ist die Einstellung von Langzeit-Arbeitslosen.
Er stellt innovativen Wirtschaftsbereichen Geld zur Verfügung, z. B. zum Aufbau eines schnelleren Internets.	**3**	**8**	Bereiche dafür sind z. B.: Stadtverwaltung, Müllabfuhr, Bundesagentur für Arbeit.
Er zahlt Prämien an Betriebe oder gewährt diesen Steuererleichterungen.	**4**	**9**	So entstehen neue, zukunftsträchtige Arbeitsplätze bei den in diesen Bereichen tätigen Firmen.
Er selbst stellt neue Arbeitskräfte ein.	**5**	**10**	So werden die damit beauftragten Betriebe neue Arbeitnehmer einstellen bzw. keine Entlassungen vornehmen.

Aufgabe 11: *Angesichts der hohen Inflationsrate gibt es Überlegungen, Subventionen und Transferzahlungen zu erhöhen. Erläutere die davon erhofften Auswirkungen auf die Wirtschaft anhand des Schaubilds in deinem Heft.*

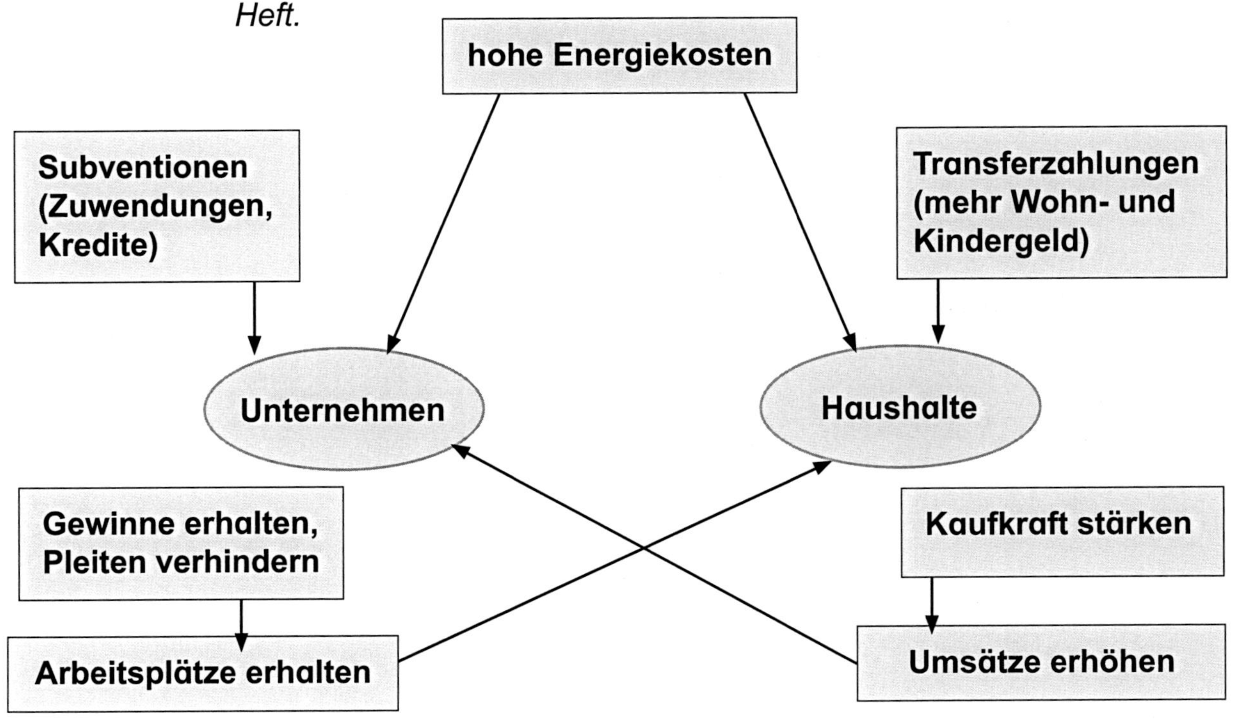

18 Wirtschaft aktuell

<u>Aufgabe 12</u>: *Welche Vorteile gegenüber heimischen Unternehmen haben in der momentanen wirtschaftlichen Lage die Global Player?*

<u>Aufgabe 13</u>: *Welche Art von Steuerpolitik sollte die Regierung in der momentanen Lage betreiben?*

<u>Aufgabe 14</u>: *Welche Form des ökonomischen Prinzips wird momentan von den Haushalten und Unternehmen vorrangig praktiziert und warum?*

<u>Aufgabe 15</u>: *Käufe auf Ziel und Teilzahlungskäufe sind angestiegen. Welche Gründe gibt es dafür?*

<u>Aufgabe 16</u>: *Der Dax ist stark gefallen. Nenne die Ursachen dafür.*

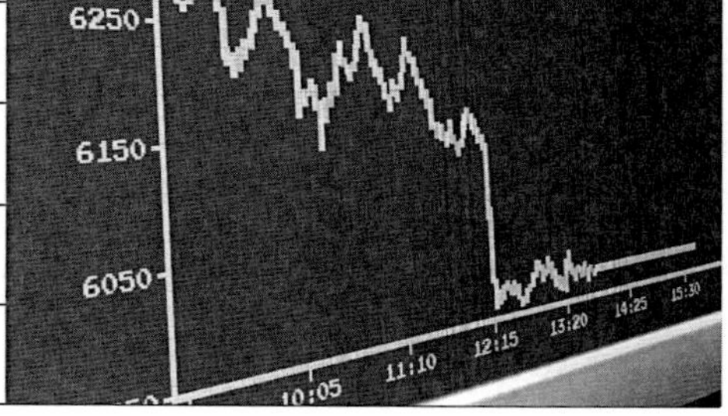

19 Lösungen

1. Was unter Wirtschaft zu verstehen ist

Aufgabe 1:

Bedürfnisse: Mangelempfinden mit dem Wunsch, diesen Mangel zu beseitigen.

Waren: Materielle Güter, die hergestellt wurden, um sie am Markt zu verkaufen.

Produktionskosten: Kosten, die bei der Erzeugung von Gütern anfallen.

Gewinn: Einkommen der Unternehmer. Damit decken sie die Kosten der Produktion und bestreiten ihren Lebensunterhalt.

Lohn: Einkommen der Arbeitnehmer für geleistete Arbeit.

Markt: Ein Ort, wo Anbieter von Waren und Nachfrager nach diesen aufeinander treffen und sich der Preis für die Waren bildet.

Wirtschaftskreislauf: Gegenseitige Beziehungen der am Wirtschaftsprozess Beteiligten.

Aufgabe 2:

Individuelle Lösungen, z. B.:

Zuerst: Etwas zum Essen zu haben, den Durst löschen zu können, Kleidung zum Schutz gegen die Witterung, eine Wohnung bzw. ein Zimmer.

Danach: Eine Jacke im gerade angesagten Modetrend, mit der Freundin/dem Freund ins Kino gehen, eine Musik- oder Sportveranstaltung besuchen, in die Disco gehen, Urlaub machen.

Zuletzt: Teure Karte für ein Rock-Konzert kaufen, ein neues Handy erwerben.

Aufgabe 3:

Arbeitslosenquote	Wieviel Arbeitslose gibt es momentan, ausgedrückt in einer Prozentzahl im Verhältnis zu den beschäftigten Arbeitnehmern?
Zinsen	Wieviel Prozent muss ich monatlich bei einem aufgenommenen Kredit an die Bank bezahlen?
Währung	Der Wert des Euro im Verhältnis zu anderen Währungen, z. B. dem Dollar.
Konjunktur	Das Auf und Ab des Wirtschaftswachstums, gemessen am BIP.
Rezession	Eine Konjunkturphase, bei der das BIP zurückgeht.
Inflation	Steigen der Preise für die Waren im sogenannten Warenkorb. Die Kaufkraft geht durch einen Anstieg zurück.
Wirtschaftssektoren	Unterteilung der Wirtschaft in 3 bzw. 4 Bereiche.
Urproduktion = primärer Sektor	Erzeugung der Rohstoffe und die Landwirtschaft.
Weiterverarbeitung = sekundärer Sektor	Rohstoffe werden zu Konsum- und Produktionsgütern verarbeitet.
Dienstleistungen = tertiärer Sektor	Handel, Transport, Banken, Versicherungen, sonstige Dienstleistungen (z. B. Friseure, Steuerberater).
Quartärer Sektor	Umfasst hochwertige und spezialisierte Dienstleistungen im Bereich der Informationsverarbeitung.
Haushalte	In diesen werden, wirtschaftlich betrachtet, Güter und Dienstleistungen konsumiert.
Marktpreisbildung	Durch Angebot und Nachfrage auf einem Markt bilden sich die Preise der dort gehandelten Produkte.
Minimalprinzip	Für den Kauf einer Ware möglichst wenig eigene Mittel ausgeben.
Produktionsfaktoren	Faktoren, die benötigt werden, um Güter und Dienstleistungen zu produzieren, nämlich Boden, Arbeit und Kapital.
Bruttoinlands-produkt	Wert aller innerhalb eines Jahres auf dem Gebiet eines Landes erzeugter Waren, bewertet in der Währung dieses Landes.
Einkommensteuer	Müssen Arbeitnehmer und Selbständige von ihrem Einkommen an den Staat bezahlen. Die prozentuale Höhe der Steuern richtet sich nach der Höhe des Verdienstes.

19 Lösungen

Aufgabe 3: Fortsetzung

Globalisierung	Die wirtschaftlichen Beziehungen zwischen den Staaten auf der Welt.
Kaufkraft	Wieviel Güter kann ich mir mit meinem Einkommen kaufen?
Zölle	Abgaben bei Ein- und Ausfuhr von Waren in andere Länder.
Europäische Union	Zusammenschluss von 27 Staaten im Euro-Raum. Freier Handel zwischen diesen ohne Zölle etc.
Ausland	Wirtschaftlich betrachtet versteht man darunter alle Waren und Dienstleistungen, die in andere Ländern exportiert und aus diesen importiert werden.
Kapital	Geld, welches für den Kauf von Produktionsgütern bereitgestellt wird.
Konzern	Zusammenschluss von bisher eigenständigen Unternehmen.
Soziale Marktwirtschaft	Wirtschaftssystem, bei dem der Staat ins Marktgeschehen eingreift und die Bevölkerung sozial absichert und unterstützt.

Lösungssatz: **Ein funktionierendes Land** macht die Wirtschaft.

2. Bedürfnisse, Bedarf und Nachfrage

Aufgabe 1: Jeder Mensch hat Wünsche, die er sich erfüllen möchte. Wirtschaftlich betrachtet nennt man diese Wünsche Bedürfnisse und versteht darunter ein Mangelempfinden mit dem Wunsch, diesen Mangel zu beseitigen. Da die Bedürfnisse des Menschen sehr vielfältig, individuell und letztlich unendlich sind, werden sie unter dem Aspekt der Dringlichkeit unterschieden, das heißt welche Bedürfnisse zuerst befriedigt werden müssen, welche dann realisiert werden können und welche zum Schluss. So werden Bedürfnisse nach Existenzbedürfnissen, Kulturbedürfnissen und Luxusbedürfnissen unterschieden.
Man kann Bedürfnisse auch noch unter dem Aspekt unterscheiden, ob sie mit Waren befriedigt werden können (= materielle Bedürfnisse) oder nicht (= immaterielle Bedürfnisse). Deine Bedürfnisse nach Anerkennung, Liebe, Geborgenheit etc. sind mit Waren nicht zu realisieren, nur durch dein eigenes Tun kannst du sie dir selbst erfüllen, indem du dich so verhältst, dass andere dich respektieren, dich mögen, dir vertrauen, dich lieben etc. Für die Wirtschaft sind allerdings nur die materiellen Bedürfnisse interessant, denn nur mit ihnen kann man durch den Verkauf von Gütern und Dienstleistungen Geld verdienen, mit immateriellen ist das nicht möglich. Blickst du auf deinen Kontostand, wirst du häufig feststellen, dass viele Wünsche von dir nicht oder noch nicht zu befriedigen sind. Deine Bedürfnisbefriedigung wird also durch den Bedarf begrenzt, worunter man die finanziellen Mittel versteht, die einem zur Realisierung seiner Bedürfnisse zur Verfügung stehen. Wesentlich für die Unternehmen ist dabei, ob man mit diesen Nachfrage ausübt, das heißt etwas kauft, oder sein Geld auf dem Konto belässt.

Aufgabe 2: a) Individuelle Lösungen, z.B.:

Existenzbedürfnisse	Kulturbedürfnisse	Luxusbedürfnisse
- Becher Cola getrunken - selbst geschmiertes Frühstücksbrot gegessen (wirtschaftlich kein Bedürfnis, da für einen selbst keine Kosten entstanden sind)	- mit dem Bus zur Schule und zurück gefahren - mit Freunden gesimst - ins Kino gegangen	- neues Handy gekauft

b) Immaterielle Bedürfnisse: Anerkennung durch gute Noten in der Schule bekommen, einen schönen Abend mit der Freundin/dem Freund verbracht, Geborgenheit im neu gestalteten Zimmer erfahren, beim Sport gute Leistungen erbracht usw.

Wirtschaft ... Kurz, knapp und klar! – Bestell-Nr. 12 953

Lösungen

Aufgabe 3: Der Bedarf, also die Bedürfnisse, für die Kaufkraft vorhanden ist, wäre erreicht, wenn die 120 Euro ausgegeben wären. Am ehesten könnte auf den Pulli verzichtet werden, da sein Betrag relativ hoch ist, oder auf den Besuch des Fußballspiels, das man sich auch im Fernsehen ansehen könnte.

Aufgabe 4:

a) Falsch, denn auch der Erwerb von Waren bedeutet Nachfrage.

b) Richtig, denn der Bedarf ist das Geld, was zur Bedürfnisbefriedigung vorhanden ist.

c) Richtig, da Luxusbedürfnisse meist recht teuer sind.

d) Falsch, es gibt wenigstens genauso viele materielle Bedürfnisse.

e) Richtig, denn so machen die Unternehmen weniger Umsatz und somit auch weniger Gewinn.

f) Richtig, denn im Sommer ins Freibad zu gehen ist weit verbreitet in Deutschland, es gibt auch fast in jeder Gemeinde eines.

g) Falsch, es ist allenfalls ein Kulturbedürfnis.

Aufgabe 5:

a) Das Essen des Burgers ist ein Individualbedürfnis, du isst diesen ja allein. Die Unterhaltung mit deiner Clique dabei ist ein Kollektivbedürfnis, du unterhältst dich ja nicht mit dir selbst.

b) Kollektivbedürfnis, die Müllabfuhr entsorgt den Müll aller Haushalte, der Staat erfüllt so eine Gemeinschaftsaufgabe.

c) Kollektivbedürfnis, sonst würdest du allein lernen.

d) Individualbedürfnis, aber der Strom für den Fernseher ist ein Kollektivbedürfnis.

e) Individualbedürfnis, wobei du da mit anderen konkurrierst.

f) Kollektivbedürfnis, alle können die Leistungen einer Klinik in Anspruch nehmen, wenn sie krank werden.

g) Kollektivbedürfnis. Die Theateraufführung wird für alle gespielt, die den Eintrittspreis bezahlen. Gehört das Theater der Stadt, ist es eine Gemeinschaftsaufgabe.

h) Kollektivbedürfnis. Alle Autofahrer müssen sich an die geltenden Geschwindigkeitsbegrenzungen halten, die Polizei überwacht das. Die Einhaltung von Gesetzen zu kontrollieren ist eine Gemeinschaftsaufgabe des Staates.

3. Die Produktionsfaktoren

Aufgabe 1: Bei der Auswahl eines Standortes für die **P**roduktion ist mitentscheidend, ob es dort qualifizierte Arbeitskräfte gibt.
Die Lohnkosten für diese sollten abe**r** nicht zu hoch sein.
Die Arbeitseinstellung des Einzelnen wird heute neben dem Fachwissen ein immer wichtigerer Fakt**o**r.
Solche sogenannten Schlüsselqualifikationen sin**d** sehr entscheidend für den Produktionsfaktor Arbeit geworden.
Diese sind auch entscheidend dafür, dass sich die Arbeitsprod**u**ktivität sehr gesteigert hat in den letzten 15 Jahren.
Durch den technischen Fortschritt werden immer mehr Maschinen und Roboter bei der Produ**k**tion von Gütern eingesetzt.
Das is**t** vor allem der Grund dafür, dass sich Arbeit von der körperlichen auf die geistige Ebene verlagert.
Daher ist es w**i**chtig, dass sich der Produktionsfaktor Arbeit ständig weiterbildet.
Der Einsatz von Robotern erfordert erstmal sehr viel Kapital v**o**n den Unternehmen.
Banke**n** leihen ihnen dieses gegen entsprechende Zinsen und Sicherheiten.

Lösungswort: **Produktion**. Die Buchstaben dafür sind in den Sätzen markiert.

19 Lösungen

3. Die Produktionsfaktoren

Aufgabe 2:

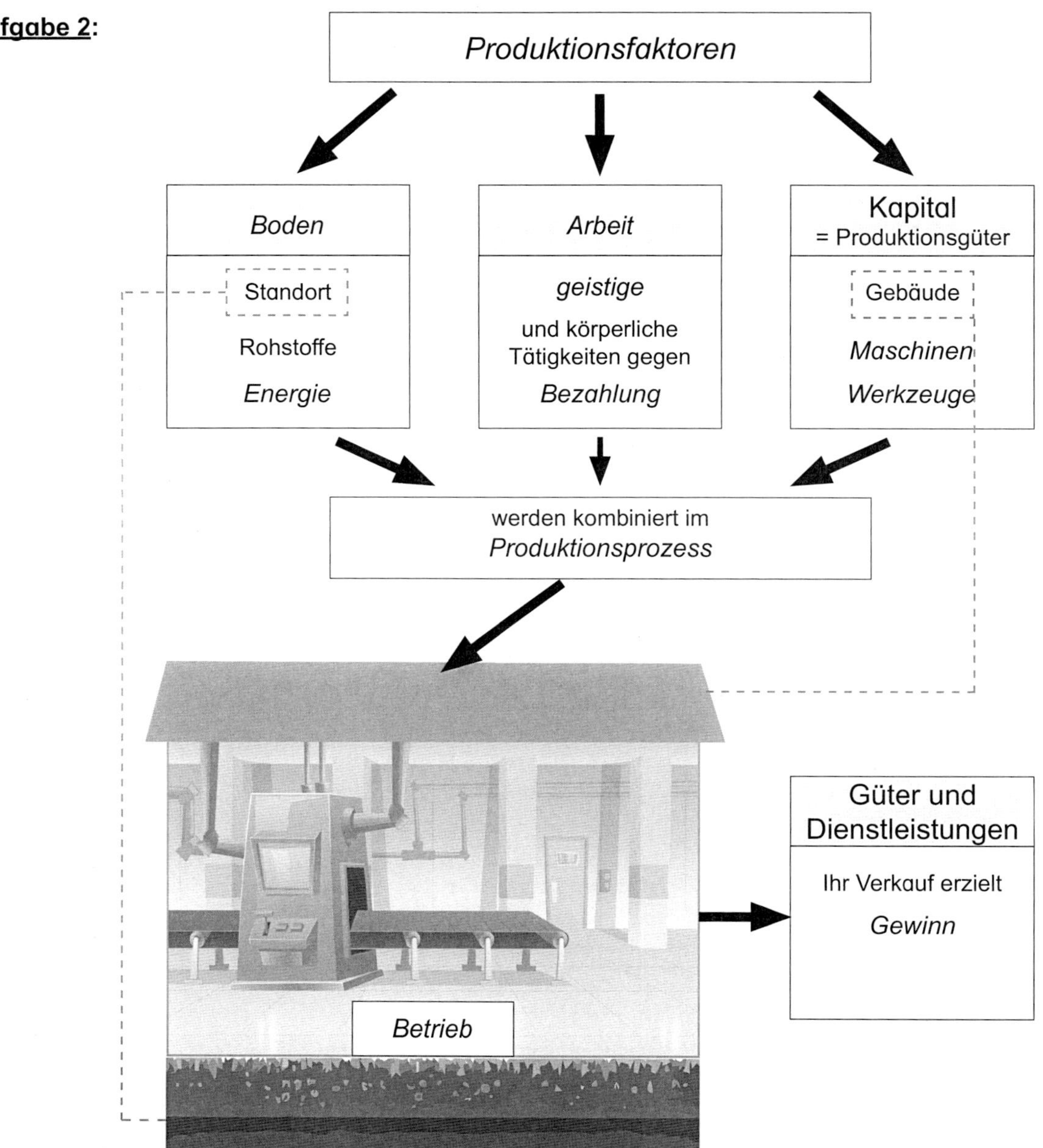

Aufgabe 3:

- Anbau- und Abbauboden unterscheiden sich dadurch, dass der Boden als Anbauboden immer wieder genutzt werden kann, jedes Jahr werden die Felder neu bestellt und abgeerntet. Sein Ertrag kann auch durch Dünger verbessert werden.
- Wird der Boden als Abbauboden genutzt, verliert er allmählich seinen Beitrag zur Güterherstellung, denn Rohstoffe, die einmal aus dem Boden geholt wurden, wachsen nicht mehr nach, irgendwann sind sie vollständig abgebaut. Daher sollten Produktionsprozesse möglichst so umgestaltet werden, dass Waren mit weniger Rohstoffen produziert werden, sie recycelbar sind, und dabei primär regenerierbare Energiequellen wie Sonne und Wind eingesetzt werden.

19 Lösungen

3. Die Produktionsfaktoren

Aufgabe 4:

- Ein Döner Restaurant: ➲ a) Wieviel ähnliche Betriebe (Lokale) gibt es am Standort? Nur wenn wenige Döner-Lokale bzw. Esslokale vorhanden sind, wird sich das Restaurant auf Dauer behaupten können.
- Eine Werft zum Bau von Containerschiffen: ➲ e) Der Standort muss am Meer oder einem Gewässer mit Anschluss zu einem Meer liegen, sonst können die gebauten Schiffe nicht ausgeliefert werden, also Orientierung an landschaftlichen Gegebenheiten.
- Ein Online-Handel für hochwertige Elektronik-Artikel: ➲ d) Anbindung an schnelle Verkehrswege, z. B. Autobahnen, um so (1.) die Artikel von der Produktionsfirma problemlos angeliefert zu bekommen und sie dann (2.) nach der Bestellung auch schnell an die Kunden ausliefern zu können.
- Ein Startup für die Buchhaltung bei Kleinbetrieben: ➲ f) Benötigt werden vor allem hochspezialisierte Arbeitskräfte mit innovativen Fähigkeiten, um das Startup zum Laufen zu bringen. Die Frage ist, ob sich diese bereit erklären, an dem anvisierten Standort zu arbeiten.
- Dienstleistungen für häusliche Pflege: ➲ b) Sind qualifizierte Arbeitskräfte vor Ort vorhanden? Denn diese sind bei häuslicher Pflege am wichtigsten, um sich gegen Mitbewerber behaupten zu können.
- Eine Autowerkstatt: ➲ c) Die Höhe der Gewerbesteuer am Standort, denn diese ist von Ort zu Ort verschieden und für eine Autowerkstatt ein entscheidender Kostenfaktor.

Aufgabe 5: Für die von Herrn Hetzmichnicht geleistete Arbeit zahlt ihm niemand einen Lohn. Nur wer Arbeit gegen Bezahlung (= Entgeld) leistet, zählt zum Produktionsfaktor Arbeit.

Aufgabe 6:

a) Kein Kapital, da das Geld für den privaten Konsum verwendet wird.

b) Das Geld wird zu Kapital, weil es für ein Unternehmen und dessen Grundausstattung verwendet wird. Auch bekommst du einen Teil des Gewinns (wenn ein solcher gemacht wird).

c) Das abgehobene Geld und die Zinsen werden für den Konsum verwendet, also kein Kapital.

d) Das Geld wird auch hier für Konsumzwecke verwendet.

e) Das Geld wird zu Kapital, du beteiligst dich an Facebook, so gehört ein (ganz kleiner) Teil dieses Unternehmens jetzt quasi dir.

4. Wirtschaftssektoren

Aufgabe 1: 1 ➲ VE; 2 ➲ RS; 3 ➲ OR; 4 ➲ GU; 5 ➲ N ; 6 ➲ G
Lösungswort: VERSORGUNG

Aufgabe 2:

Kaffeetasse = sekundär
Windkraftrad = primär
IT-Spezialist mit 4 Monitoren = quartär
PKW = sekundär
Fabrik = primär
Labor = quartär
Polizist = tertiär

Goldklumpen = primär
Straßen-Bauarbeiter = tertiär
LKW = sekundär und tertiär
Getreidefeld = primär
Smartphone = sekundär
Taxi = sekundär und tertiär
Schule = tertiär

19 Lösungen

4. Wirtschaftssektoren

Aufgabe 3:

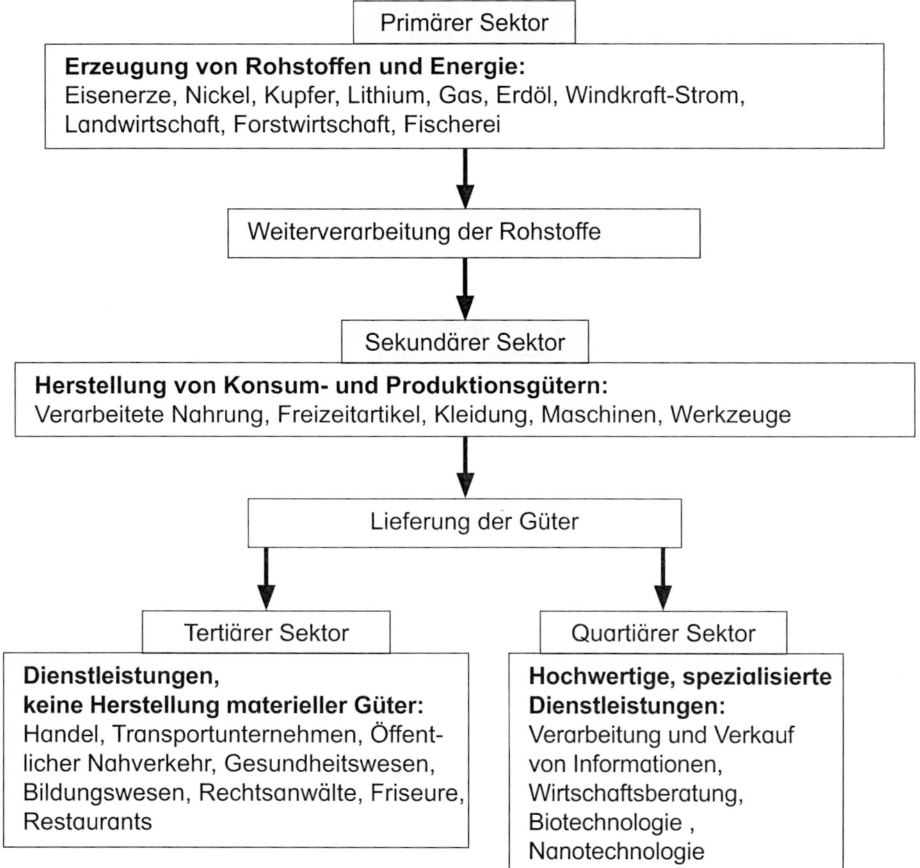

Aufgabe 4:

a) Weil im primären und sekundären Sektor immer mehr Roboter und Automaten die Arbeit von Menschen übernehmen und so dort Arbeitsplätze wegfallen.

b) Z. B. Programmierer, Verkäuferin bei H&M, Versicherungsvertreter, Bankangestellter, LKW-Fahrer, Lagerarbeiter bei Amazon, Paketzusteller bei DHL, Sachbearbeiter in der städtischen Verwaltung etc.

Aufgabe 5: Würdest du alle von dir benötigten Waren (z. B. deine Lebensmittel) direkt beim Erzeuger bestellen, würde das nicht nur sehr viel Aufwand bedeuten, du müsstest ja ständig wieder neue Bestellungen aufgeben. Das würde wohl auch häufig dazu führen, dass dir Güter fehlen, die du nicht schnell genug geliefert bekommst. Auch wäre die Frage, wie teuer die Transportkosten sind. Auch kann es sein, dass Unternehmen dich nicht direkt beliefern, weil sich das für sie bei so kleinen Mengen nicht lohnt.

5. Bruttoinlandsprodukt und Bruttonationalprodukt

Aufgabe 1: a)

Daten Stand 2021	Deutschland	Frankreich	Russland
Bruttoinlandsprodukt pro Kopf in Euro	43 290	36 660	10 467
Anteil Land- und Forstwirtschaft am BIP in %	0,9	1,6	3,8
Anteil produzierendes Gewerbe in %	26,6	16,8	33,2
Anteil Dienstleistungen in %	69,5	70,2	53
Arbeitslosenquote in %	5,1	7,9	4,3
Wirtschaftswachstum in %	2,7	2,3	4,7
Inflationsrate in %	3,1	6,1	6,7
Außenhandelsbilanz in Milliarden Euro	172,5	129,27	190,1

Lösungen

5. Bruttoinlandsprodukt und Bruttonationalprodukt

Aufgabe 1: b)

- Pro Kopf ist die Bevölkerung in Deutschland am besten mit Waren und Dienstleistungen versorgt, in Russland um ca. 76 % schlechter.
- Deutschland erzeugt wenig Güter im Agrarsektor, Russland hingegen viermal so viele.
- Beim Anteil des produzierenden Gewerbes ist Russland führend.
- Jedoch trägt der Dienstleistungssektor in Russland nur zu gut 50 %, in Deutschland und Frankreich mit ca. 70 % deutlich mehr zum BIP bei.
- Die Arbeitslosenquote ist in Frankreich am höchsten.
- Das Wirtschaftswachstum des vergangenen Jahres war in Russland am kräftigsten.
- Allerdings leider auch die Inflationsrate.
- Russland hat auch den höchsten Außenhandelsüberschuss.

Aufgabe 2:

a) Keine Erfassung, da du dir selbst dafür nichts bezahlst.

b) Keine Erfassung, da Herr Meyer die 4 Wochen nicht in Deutschland arbeitet.

c) Erfassung im BIP, denn der Krankenpfleger bekommt für seine Arbeit ein Gehalt, welches besteuert wird.

d) Keine Erfassung, denn niemand weiß, dass Frau Obstich das Geld vom Nachbarn erhalten hat.

e) Keine Erfassung, denn die Mutter bekommt ja von niemandem Geld für die Pflege.

f) Diese Arbeit erfolgt zwar gegen Entgelt, wird aber bewusst nirgendwo angegeben, um darauf keine Steuern bezahlen zu müssen, so wird auch nichts erfasst.

g) Der Arzt muss seine Einnahmen in seiner Steuererklärung angeben, so wird die Behandlung erfasst.

h) Erhältst du keine Mahnung, wird der Verkauf erstmal nicht erfasst.

i) Alle Ausgaben in Spanien werden nicht erfasst, es ist ja nicht Deutschland. Hast du den Flug aber bei einem deutschen Reisebüro gebucht, wird dieser erfasst.

j) Erfassung, denn ein Friseur muss diese Einnahme in seiner Steuererklärung angeben, egal in welcher Form die Bezahlung erfolgte.

k) Erfassung, denn es ist eine Einnahme des Anwalts, auch wenn er diese nicht vom Mandanten, sondern von dessen Rechtsschutzversicherung bekommt.

l) Erfassung, denn alle Leistungen der Schule werden vom Staat aus Steuereinnahmen abgegolten.

Aufgabe 3:

a) BIP = Summe aller in Deutschland erzeugten Güter und Dienstleistungen (Im BIP sind auch die von Ausländern in Deutschland erzeugten Güter und Dienstleistungen berücksichtigt.)

b) BNP = BIP + Summe aller von Deutschen im Ausland erzeugten Güter und Dienstleistungen – Summe aller von Ausländern in Deutschland erzeugten Güter und Dienstleistungen

Aufgabe 4: Da die Preise prozentual stärker als das BIP erhöht wurden, ist das reale BIP tatsächlich gesunken.

Aufgabe 5: a) ➲ 3; b) ➲ 9; c) ➲ 12; d) ➲ 5; e) ➲ 4; f) ➲ 10; g) ➲ 2; h) ➲ 7; i) ➲ 11; j) ➲ 8; k) ➲ 1; l) ➲ 6;

KOHL VERLAG Wirtschaft ... Kurz, knapp und klar! – Bestell-Nr. 12 953

19 Lösungen

6. Wirtschaftskreislauf

Aufgabe 1: GELD und WAREN befinden sich im AUSGLEICH.

1 ➲ 23; 2 ➲ 16; 3 ➲ 20; 4 ➲ 24; 5 ➲ 13; 6 ➲ 17; 7 ➲ 21; 8 ➲ 15; 9 ➲ 19; 10 ➲ 14; 11 ➲ 18; 12 ➲ 22

Aufgabe 2:

a) Monetäre Ströme sind Geldströme, die Haushalte oder Unternehmen dafür bekommen, dass sie real etwas getan oder geliefert haben, z. B. Lohn für die Arbeitskraft, Bezahlung eines Smartphones im Geschäft.

b) Die Haushalte liefern den Unternehmen die Produktionsfaktoren (= Realströme), indem sie beispielsweise ihre Arbeitskraft (= realer Strom) den Unternehmen gegen Lohn/Gehalt (= monetärer Strom) zur Verfügung stellen, ihnen ein Grundstück (= real) für die Lagerung der Produkte vermieten (= monetär) oder ihnen Kapital (= monetär) in Form von Geld (gegen Zinsen) geben bzw. Aktien (= real) der Unternehmen kaufen, um eine Dividende zu erhalten (= monetär). Die Unternehmen verkaufen den Haushalten Konsumgüter (= real) und erhalten von diesen dafür Erlöse in Form der Bezahlung dieser Waren (= monetär). Haushalte und Unternehmen „treffen" sich dabei auf Märkten.

Aufgabe 3: Aus der Differenz der beiden Zinssätze bestreiten Banken u. a. ihre Gewinne. Die Banken verwenden dieses Geld auch für Käufe an der Börse, z. B. für Anleihen, Aktien, ETFs, Fonds, mit denen sie versuchen, zusätzliche Gewinne zu erzielen.

Aufgabe 4: Derartige Zahlungen erhält man vom Staat, ohne dass dieser dafür eine wirtschaftliche Gegenleistung der Bürger verlangt. Sie werden aus sozialen Gesichtspunkten gezahlt. Transferzahlungen an Unternehmen bezeichnet man als Subventionen.

Aufgabe 5:

a) Büromaterial und Computer sowie deren Programme für die beim Staat Beschäftigten, ein neues Müllfahrzeug, einen neuen Bus für den öffentlichen Nahverkehr, Beratung durch Experten bei schwieriger Gesetzgebung, ein Programm zur Verschlüsselung von Mails und SMS der Abgeordneten usw.

b) Bau von Straßen, Kitas, Schulen, Universitäten, Müllabfuhr, Trink- und Abwasserversorgung, Krankenhäuser, Polizei, Theater, Sporthallen, Freizeiteinrichtungen, Funkfrequenzen fürs Internet etc.

Aufgabe 6:

a) Falsch, es werden die Beziehungen zum Ausland nicht genannt.

b) Richtig

c) Richtig

d) Richtig

e) Falsch, auch Unternehmen sparen bei Banken Geld (= Kapitaleinlagen).

f) Falsch. Die Banken gewähren nur den Haushalten Kredite für den Kauf von Konsumgütern. Unternehmen bekommen von den Banken Kredite für den Erwerb von Investitionsgütern.

g) Richtig

h) Falsch. Der Staat bekommt nicht nur von den Haushalten Steuern, sondern auch von den Unternehmen.

i) Falsch. Aus dem Ausland werden Waren importiert und ins Ausland werden sie exportiert.

j) Richtig

19 Lösungen

7. Ökonomisches Prinzip

Aufgabe 1: Kaufst du dir etwas, z. B. ein neues Smartphone, wirst du zuerst einmal schauen, bei welchem Anbieter du es für den günstigsten Preis bekommen kannst. Denn je weniger du für eine Ware bezahlen musst, desto mehr deiner Bedürfnisse kannst du dir letztlich befriedigen. Auch ein Unternehmer ist darauf bedacht, die Kosten bei der Produktion seiner Waren so gering wie möglich zu halten, denn um so höher fällt sein Gewinn aus.

Haushalte und Unternehmen verhalten sich also bei ihren Entscheidungen vernünftig, was als Prinzip des ökonomischen Handelns oder auch Rationalprinzip bezeichnet wird. Dieses Prinzip gibt es in zwei Ausprägungen, nämlich als Minimal- und als Maximalprinzip.

Beim Minimalprinzip ist man bestrebt, für das zu kaufende Gut so wenig wie möglich Geld auszugeben, wie z. B. beim Kauf deines Smartphones. Ein Unternehmer, der nach diesem Prinzip handelt, wird versuchen, seine Rohstoffe zur Produktion des Gutes X bei dem Anbieter zu kaufen, der ihm den günstigsten Preis dafür macht.

Wird nach dem Maximalprinzip gehandelt, hat man das Bestreben, mit seinem zur Verfügung stehenden Einkommen möglichst viele Waren zu erwerben. Verbraucher, die nach diesem Prinzip handeln, vergleichen ständig die Preise der Waren, die sie zu kaufen gedenken. Wendet ein Unternehmer dieses Prinzip an, versucht er bei der Produktion seiner Waren einen vorher festgelegten Betrag nicht zu überschreiten. Daher vergleicht er ständig die Preise von Zulieferern, denn er will ja mit seinem Budget möglichst viele Rohstoffe kaufen können. Verfährt er nach diesem Prinzip, könnte er aber auch versuchen, die Herstellungskosten bei der Produktion seiner Güter beständig zu verringern, indem er beispielsweise eine neue CNC-Maschine anschafft, sodass nun in der gleichen Zeit wesentlich mehr zu geringeren Kosten produziert werden kann.

Aufgabe 2: a) Individuelle Lösungen, z. B.:

- Man will ein bestimmtes Handy haben, weil das „in“ ist und die Freunde das auch haben.
- Man arbeitet an den Hausaufgaben, die bis morgen fertig sein müssen, bekommt auf einmal starken Hunger auf eine Pizza und kauft sich diese nicht im Supermarkt, sondern lässt sie sich liefern.
- Man kennt nur die Preise für ein Gut der Geschäfte im Umkreis, macht sich aber nicht die Mühe, auch andere Anbieter zu checken. So bekommt man nicht mit, dass ein Geschäft momentan ein Sonderangebot hat.
- Man kauft diese Art von Gütern immer im gleichen Geschäft, weil man da gut beraten wird.
- Man kauft ein Sixpack bei der Tankstelle, obwohl das dort zwei Euro mehr kostet, weil die Geschäfte schon zu haben, man aber überraschenden Besuch von Freunden bekommen hat.

b) Individuelle Antworten, je nach Diskussion.

Aufgabe 3: Minimalprinzip: b), c),
Maximalprinzip: a), f), g), h), i)
kein Prinzip: d), e)

8. Kreditarten

Aufgabe 1: a) ➲ 6; b) ➲ 11; c) ➲ 14; d) ➲ 1; e) ➲ 12; f) ➲ 7; g) ➲ 2; h) ➲ 9; i) ➲ 4; j) ➲ 8; k) ➲ 5; l) ➲ 10; m) ➲ 13; n) ➲ 3

Lösungen

8. Kreditarten

Aufgabe 2:

a) Die Schufa (= Schutzgemeinschaft für allgemeine Kreditsicherung) erteilt deiner Bank Auskünfte darüber, ob du noch andere Kreditverpflichtungen eingegangen bist und ob du diese bisher ordnungsgemäß zurückgezahlt hast. Erst nach einer solchen Auskunft wird entschieden, ob ein Kredit gewährt wird.

b) Im Grundbuch (in dem die Eigentümer von Immobilien eingetragen werden müssen, um so jederzeit sehen zu können, wem die Immobilie gehört) wird zusätzlich vermerkt, dass die Bank das Recht hat das Haus zu versteigern, wenn deine Eltern fällige Raten nicht bezahlen würden. Das Haus fungiert also quasi als Pfand zur Kreditabsicherung.

Aufgabe 3:

a) Du musst nicht warten, bis du das Geld für die Hose angespart hast, sondern kannst sie sofort anziehen. Du brauchst auch keine Zinsen zu zahlen.Das müsstest du aber, würdest du die Hose beispielsweise durch deinen Dispokredit bezahlen.

b) Der Verkäufer hat sofort Umsatz gemacht. Hätte er dir diese Zahlungsmöglichkeit für die Hose nicht eingeräumt, hättest du sie vielleicht auch gar nicht gekauft.

c) Der Unternehmer kann Waren produzieren, ohne für deren Rohstoffe Geld vorschießen zu müssen. Erst wenn er die Waren verkauft hat, bezahlt er die Rohstoffe. Er könnte mit dem so zunächst eingesparten Geld beispielsweise die Tilgung eines Kredits bei seiner Bank leisten.

Aufgabe 4:

a) Du musst wiederum nicht warten, bis du das Geld für das Smartphone angespart hast, sondern bekommst es sofort. Allerdings musst du dann immer aufpassen, dass du genug Geld auf dem Konto hast, um die Raten zu begleichen.

b) Der Verkäufer macht wiederum sofort Umsatz. Diese Zahlungsart wird er dir in der Regel bei teureren Waren anbieten, um so den Anreiz zu setzen, auch solche zu kaufen. Bei der Ratenzahlung kann aber auch ein Zinssatz anfallen.

9. Kooperation und Konzentration in der Wirtschaft

Aufgabe 1:

Lösungswort: MEHR MARKTMACHT! Reihenfolge der Lösungen von oben nach unten: 5 / 11 / 15 / 9 / 2 / 7 / 3 / 6 / 1 / 12 / 14 / 8 / 4 / 13 / 10

Aufgabe 2:

a) Fusion, da die Kette „Gut Brot" ihre wirtschaftliche Selbständigkeit aufgibt und in Starbucks aufgeht.

b) Kartell, da man eine schriftliche Vereinbarung geschlossen hat, wodurch der Wettbewerb im Bereich der Batterieentwicklung zwischen den beiden Autobauern ausgeschlossen wird.

c) Konzern, da sich ein Unternehmen an einem anderen beteiligt.

d) Formlose Absprache darüber, Angebote bei einer Ausschreibung vorher untereinander abzugleichen und dort überhöhte Preise für Rohstoffe mit aufzunehmen. Diese Absprache ist zwar verboten, aber da es keine vertraglichen Festlegungen gab, ist es kein Kartell.

Aufgabe 3:

Vorteile	Nachteile
- Das Warenangebot auf den heimischen Märkten steigt. - Viele neue Produkte werden angeboten. - Diese sind kostengünstig. - Vorhandene Multis ziehen wiederum neue Multis an, was die positiven Effekte noch verstärkt.	- Global Player erzielen enorme finanzielle Gewinne, die sie meist nicht in Deutschland versteuern. - Sie bezahlen die für sie tätigen Arbeitskräfte schlecht und beuten sie aus. - Es entsteht bei der Produktion Umweltverschmutzung. - Durch die vielen Transporte steigt der CO_2-Ausstoß weiter an. - Sie verdrängen mittelständische Unternehmen und gefährden dort Arbeitsplätze.

KOHL VERLAG Wirtschaft ... Kurz, knapp und klar! – Bestell-Nr. 12 953

9. Kooperation und Konzentration in der Wirtschaft

Aufgabe 4: Löungswort: VEREINIGEN

Kreuzworträtsel:

- a)→ BUNDESKARTELLAMT
- b)↓ MULTIS
- c)↓ WIRTSCHEFTLICHE
- d)→ MUENDLICHE
- e)↓ BETEILIGUNG
- f)→ LEITUNG
- g)↓ GEWINNMAXIMIERUNG
- h)→ ANBIETER
- i)→ UMWELTVERSCHMUTZUNG
- j)→ KOOPERATION
- k)↓ FORMLOSE
- l)↓ STRAFEN
- m)↓ MONOPOL

10. Markt und Preisbildung

Aufgabe 1:

- Stammkunden anrufen und fragen, wie sie mit dem gekauften Fahrrad zufrieden sind, und sie über neue E-Bikes informieren.
- Die Garantiebedingungen für ein gekauftes Rad verbessern und verlängern.
- Mehr Werbung schalten, z. B. im Netz, aber auch in lokalen Zeitungen.
- Bei Inspektionen Rückfahrservice für die Kunden anbieten.
- Verstärkt längere Probefahrten mit infrage kommenden Fahrrädern anbieten, z. B. für ein ganzes Wochenende.
- Gebrauchte Fahrräder günstig in Zahlung nehmen.
- Generell die Freundlichkeit gegenüber den Kunden erhöhen.

Aufgabe 2:

a) Um so ihren Gewinn zu erhöhen. Tun sie das nicht, werden sie – da sie ja im Wettbewerb mit anderen Betrieben stehen – irgendwann vom Markt verdrängt und Pleite gehen.

b) Es kann diese zuerst einmal zu einem relativ hohen Preis verkaufen und macht so viel Gewinn.

c) Sie bekommen so für ihr Einkommen mehr Waren und ihre Kaufkraft steigt.

d) Die Preise werden längerfristig steigen, da die Verbraucher ja nun mehr Geld haben, was sie für Baumarktartikel und Bekleidung ausgeben können. Die dadurch erhöhte Nachfrage führt in der Folge auch zu höheren Preisen.

e) In Zeitungen, im Internet, bei der Bundesagentur für Arbeit, über Bekannte und Freunde.

f) Wenn das Unternehmen mehr Umsatz machte, innovative Produkte auf den Markt brachte oder Kooperationen mit anderen Unternehmen einging. Meistens wird dadurch auch mehr Gewinn erwirtschaftet.

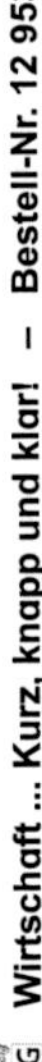

Lösungen

10. Markt und Preisbildung

Aufgabe 3:

- eine gute, objektive Beratung im Geschäft,
- ein spezieller Service (man liefert die gekaufte Ware kostenlos an),
- Zusatzleistungen speziell für dich als langjähriger Kunde (beim Kauf eines gebrauchten Motorrollers bekommst du eine kostenlose Garantie für zwei Jahre „geschenkt“),
- die Gewohnheit, immer in den gleichen Supermarkt zu gehen, da man hier genau weiß, wo was steht und nicht erst lange suchen muss, wenn man seinen Einkaufszettel abarbeitet,
- Großzügigkeit bei Reklamationen bzw. Umtausch erworbener Waren,
- schnelle Lieferung der *online* bestellten Waren,
- lange Öffnungszeiten des Geschäfts usw.

Aufgabe 4:

a) Die Preise werden steigen, da Weizen (= Angebot) knapper wird.

b) Die Preise werden fallen, da die Verbraucher Gesundheitsgefahren für sich vermeiden (= weniger Nachfrage) wollen.

c) Die Preise für Burger werden in den USA fallen, da das Angebot an Burgern gestiegen ist.

d) Der Preis für das Smartphone wird eine Zeitlang noch etwas steigen, dann wieder fallen, weil andere Anbieter ähnliche Geräte auf den Markt bringen werden.

10. Markt und Preisbildung

Aufgabe 5:

	Angebotene Menge (Stück)	Preis in Euro	Nachgefragte Menge (Stück)	Rechnung
Geschäft 1	20	25	120	20 • 25 = 500
Geschäft 2	40	30	100	40 • 30 = 1200
Geschäft 3	60	35	80	60 • 35 = 2100
Geschäft 4	80	40	60	40 • 60 = 2400
Geschäft 5	100	45	40	45 • 40 = 1800
Geschäft 6	120	50	20	50 • 20 = 1000

Da Angebot und Nachfrage berücksichtigt werden müssen, muss man jeweils den Preis mit der kleineren der beiden Stückzahlen multiplizieren.
Bei einem Preis von 40 Euro werden 60 Jacken nachgefragt, der Umsatz liegt damit bei 2400 Euro und ist hiermit bei Geschäft 4 am höchsten.

Aufgabe 6:

Ende September 2022 sind die Preise vieler Waren um bis zu 9 % gestiegen, bedingt vor allem durch den Ukraine-Krieg. So hat sich die Kaufkraft der Haushalte verringert, die Produktionskosten der Unternehmen sind vor allem durch die Energiepreise sehr angestiegen, ihr Gewinn ist zurückgegangen.

Steigen die Preise gegenüber dem Vorjahr um mehr als 2 %, spricht man von einer inflationären Entwicklung der Preise, auch Inflationsrate genannt. Sollte das Preisniveau ständig steigen, wird aus der inflationären Entwicklung eine Inflation. Das Statistische Bundesamt erfasst diese Entwicklungen, indem es anhand von ca. 750 Waren und Dienstleistungen, die die Mehrzahl der Bürger kaufte – auch Warenkorb genannt, den sogenannten Preisindex für die Lebenshaltungskosten ermittelt.

Unter Deflation versteht man das Gegenteil von Inflation, nämlich dass Preise über einen längeren Zeitraum beständig sinken, was zwar die Verbraucher freut, nicht aber die Unternehmen, denn sie machen so weniger Umsatz und Gewinn. Schließlich werden Stellen abgebaut, womit die Gefahr eines wirtschaftlichen Abschwungs droht. Deflation darf aber nicht verwechselt werden mit deflatorischen Tendenzen, das heißt nicht alle Preise fallen, sondern nur die einzelner Waren, da diese beispielsweise technisch nicht mehr up to Date sind oder im Ausland billiger hergestellt wurden.

Lösungen

10. Markt und Preisbildung

Aufgabe 7: Nahrungs- und Genussmittel, Bekleidung, Möbel, Elektrogeräte, Strom, Gas, Wasser, Dienstleistungen im Gaststättengewerbe, Diskothekenbesuche, Arzt- und Rechtsanwaltsleistungen, eine Urlaubsreise.

11. Soziale Marktwirtschaft

Aufgabe 1: Verbraucherschutzgesetze regeln in der Sozialen Marktwirtschaft die Beschaffenheit von Waren, beispielsweise, dass keine gesundheitsgefährdenden Stoffe in ihnen vorhanden sein dürfen. Gesetze bestimmen auch, dass sogenannte Gütesiegel, z. B. bei Bioprodukten, der Wahrheit entsprechen müssen. Durch staatlich finanzierte Tests über Waren werden die Verbraucher über deren Eigenschaften objektiv aufgeklärt (vgl. Verbraucherzentralen, Stiftung Warentest). Unlauterer Wettbewerb bei Werbung ist generell verboten. Die Bürger können Unternehmen auf Schadenersatz verklagen, wenn sich diese nicht an gesetzliche Vorschriften bei der Erzeugung ihrer Produkte halten. Stellt man Mängel an einer gerade gekauften Ware fest, kann man die Ware zwei Jahre lang gegen Erstattung des bezahlten Preises zurückgeben. Werden Reparaturarbeiten von Handwerksbetrieben mangelhaft ausgeführt, müssen die Mängel unentgeltlich nachgebessert werden.

Aufgabe 2: 1 ➲ 20; 2 ➲ 16; 3 ➲ 13; 4 ➲ 17; 5 ➲ 12; 6 ➲ 21; 7 ➲ 15; 8 ➲ 19; 9 ➲ 18; 10 ➲ 22; 11 ➲ 14

Lösungswort: CHANCENGLEICHHEIT

Aufgabe 3: 1 ➲ 12; 2 ➲ 16; 3 ➲ 11; 4 ➲ 9; 5 ➲ 13; 6 ➲ 15; 7 ➲ 10; 8 ➲ 14

Lösungswort: ARBEITSEINSATZ

Aufgabe 4:

- Du musst dein eigenes Einkommen und das deiner Eltern offenlegen. Es darf eine bestimmte Grenze nicht überschreiten.
- Du darfst zu Beginn deines Studiums nicht älter als 30 Jahre sein.
- Du musst eine Bescheinigung vorlegen, dass du dich bei einer Hochschule für dieses Studium eingeschrieben hast.
- Du musst aus einem Land der EU kommen.
- Du darfst vorher kein anderes Studium oder eine vergleichbare Ausbildung begonnen haben, aber es gibt bestimmte Ausnahmeregelungen.

12. Konjunktur

Aufgabe 1:

a) (beginnende) Rezession, denn: Kaufen die Haushalte weniger Konsumgüter, werden die Unternehmen in diesen Bereichen weniger absetzen können, der Gewinn geht zurück und Entlassungen drohen.

b) Boom: Es scheint, dass die Bürger genug Geld haben, um die Mieten zu bezahlen. Das deutet auf einen Boom hin, denn in diesem haben sich auch die Löhne erhöht.

c) Rezession: Kursrückgänge an den Börsen sind ein typisches Zeichen für den Beginn einer Rezession.

d) Boom, da offensichtlich die Unternehmen viel absetzen und somit hohe Gewinne machen.

e) (beginnende) Expansion: Diesen Brachen scheint es relativ gut zu gehen, da sie neue Arbeitskräfte suchen. Das Gaststätten- und Hotelgewerbe ist meist die erste Branche, die von einem Aufschwung profitiert, da nun die Menschen wieder mehr Geld für „Genuss“ ausgeben können bzw. wollen.

f) Depression: Eine so große Erhöhung der Arbeitslosenquote deutet auf eine Depression hin.

g) (beginnende) Rezession: Denn die Unternehmen haben offensichtlich Absatzschwierigkeiten, die Gewinne werden schrumpfen und somit werden Arbeitskräfte entlassen.

Lösungen

Aufgabe 2: a) Subventionen sollen Unternehmen stützen, die in der Pandemie Verluste machten, sodass diese nicht Pleite gehen bzw. ihre Arbeitskräfte nicht entlassen.

b) Zuschüsse zur Senkung der Preise beim Öffentlichen Nahverkehr sollen die Bürger in diesem Bereich entlasten, so haben sie mehr Geld, um andere Waren zu kaufen und können so dort deren Nachfrage ankurbeln.

c) Die Senkung der Mehrwertsteuer bei bestimmten Produkten soll die Verbraucher entlasten, damit sie so mehr Kaufkraft haben. Außerdem sollen so auch Unternehmen zu mehr Umsatz bei diesen Produktgruppen kommen.

d) Eine Erhöhung der Renten schafft bei den Rentnern mehr Kaufkraft, so können Unternehmen mehr Umsatz machen. Voraussetzung ist allerdings, dass die Rentner ihr Geld auch ausgeben und nicht sparen.

e) Die Erhöhung der Bezuschussung bei Windkraft- und Solaranlagen schafft in diesem Bereich neue Arbeitsplätze bei den dort tätigen Firmen und ist überdies gut für den Umweltschutz, denn so wird immer mehr Strom über regenerative Energien erzeugt.

12. Konjunktur

Aufgabe 3: Antwort je nach momentaner Wirtschaftslage, Stand Oktober 22: Durch die hohen Energiekosten, Lieferprobleme für Rohstoffe und Vorprodukte durch den Ukraine-Krieg sind die Preise für viele Produkte stark gestiegen. Es wird befürchtet, dass die so schwindende Kaufkraft der Haushalte und die erhöhten Kosten für Energie bei den Unternehmen eine Rezession auslösen könnten.

Aufgabe 4:

	Expansion	Boom	Rezession	Depression
Nachfrage	steigt und somit Produktion	Nachfrage größer als Angebot	geht zurück, Verbrauchern sind Preise zu hoch, Bedürfnisse bereits befriedigt	Haushalte kaufen nur noch Nötigstes
Gewinne	mehr Gewinne	satte Gewinne	schrumpfen	schrumpfen weiter, Betriebe machen Konkurs
Preise	steigen langsam an	Unternehmer erhöhen Preise, Inflationsrate steigt	Unternehmen haben Absatzschwierigkeiten, Preise gehen zurück	Produktionskapazitäten kaum noch ausgelastet, Unternehmen haben starke Absatzschwierigkeiten, senken daher Preise noch mehr
Arbeitslosenzahlen	gehen zurück	sehr niedrig	Arbeitskräfte werden entlassen	Höchststand
Löhne	steigen	steigen weiter	fallen	niedrig
Aktienkurse	steigen	steigen stark	fallen	sehr niedrig

13. Grundlagen der Wirtschaftspolitik (Magisches Viereck)

Aufgabe 1: a) Preisstabilität: Die Verbraucher haben so weniger Geld, werden weniger kaufen können. Als Folge können die Unternehmen die Preise nur gering anheben.

b) Beschäftigung: Neue Aufträge an Hersteller von E-Bussen werden vergeben, was zu Wirtschaftswachstum führen wird und der Reduktion von Arbeitslosenzahlen. Auch ist dies eine Umweltschutzmaßname.

c) Wachstum: Da Rentner nun mehr Geld haben, werden sie mehr konsumieren, so wird die Wirtschaft angekurbelt.

d) Beschäftigung: Der Beschäftigungsstand soll damit erhöht werden.

13. Grundlagen der Wirtschaftspolitik (Magisches Viereck)

Aufgabe 1:

e) Außenwirtschaftliches Gleichgewicht: Der Handelsbilanzüberschuss soll begrenzt werden, denn so werden mehr Waren in die BRD importiert, da sie günstiger geworden sind.

f) Wachstum: Das Wirtschaftswachstum soll nicht einbrechen und Unternehmen nicht Pleite gehen.

g) Preisstabilität: Bekämpfung der Inflation, verursacht durch hohe Gaspreise.

Aufgabe 2: 1 ➲ 8; 2 ➲ 7; 3 ➲ 5; 4 ➲ 6;

Aufgabe 3:

a) Expansion: Mehr Geld bei den Haushalten und Unternehmen sorgt für Ankurbelung der Nachfrage.

b) Depression: Anreize, neue Arbeitsplätze zu schaffen, sodass die Arbeitnehmer, die so eingestellt werden, mehr Geld für den Kauf von Konsumgütern haben und so das BIP wieder steigt.

c) Boom: Die Nachfrage soll begrenzt werden, damit z. B. die Preise nicht noch weiter steigen.

d) Rezession: Neu eingestellte Lehrer haben Geld für Konsum, so wird die Wirtschaft vor einer Ausweitung des Abschwungs etwas geschützt.

Aufgabe 4:

a) Ja: Mehr Export erhöht den Handelsbilanzüberschuss.

b) Nein: Bei Urlaub im Ausland wandert Geld vom Inland ins Ausland. Genau wie beim Import von Waren, was auch den Handelsbilanzüberschuss verringert.

c) Nein: Weniger Export bedeutet weniger Handelsbilanzüberschuss.

d) Ja: Es kam dabei Geld vom Ausland ins Inland. Genau wie beim Export von Waren, was auch den Handelsbilanzüberschuss vergrößert.

e) Nein: Mehr Import bedeutet weniger Handelsbilanzüberschuss.

f) Ja: Weniger Import bedeutet mehr Handelsbilanzüberschuss.

Aufgabe 5: Durch diese Investitionen bekommen Firmen neue Aufträge und machen so wieder Gewinne. Sie werden neue Mitarbeiter einstellen, um diese Aufträge zu bewältigen, die dann wieder Geld verdienen. Unternehmer und Arbeitnehmer haben so wieder mehr Geld für Investitionen bzw. Konsumgüter und werden mehr kaufen. Als Folge werden viele Betriebe in diesen beiden Wirtschaftssektoren wieder mehr Umsatz machen und die Konjunktur wird so angekurbelt.

Aufgabe 6: 1 ➲ 10 ➲ 13; 2 ➲ 12 ➲ 17; 3 ➲ 9 ➲ 14; 4 ➲ 7 ➲ 18; 5 ➲ 8 ➲ 16; 6 ➲ 11 ➲ 15
Lösungswort: ENTWICKLUNGEN

14. Steuern

Aufgabe 1: Lösung: SIE WERDEN GEBRAUCHT Reihenfolge der Lösungen von oben nach unten: 8 / 5 / 14 / 11 / 9 / 3 / 7 / 13 / 1 / 15 / 18 / 10 / 6 / 2 / 16 / 12 / 17 / 4

Aufgabe 2: Indirekte Steuern sind in den Preisen für Waren und Dienstleistungen enthalten, sie werden später von den Unternehmern nach Verkauf der Waren an den Staat abgeführt. Direkte Steuern muss der Steuerpflichtige selbst an den Staat zahlen.

Aufgabe 3: Die genannten Steuern verteuern diese Getränke, damit Jugendliche davon weniger konsumieren, denn sie sind ungesund. Der Staat will so das Verhalten seiner Bürger in eine positive Richtung lenken.

14. Steuern

Aufgabe 4:

Beruf	Gehalt		Steuerhöhe
Krankenschwester	2300	2600	752
Verkäuferin	2600	2300	500
Facharzt	8800	6300	2922
Vertriebsleiter	6300	8800	3632
Manager VW	12300	12300	5203

KOHL VERLAG Wirtschaft ... Kurz, knapp und klar! – Bestell-Nr. 12 953

19 Lösungen

Aufgabe 5: Du musst keine Steuern zahlen, denn der monatliche Verdienst liegt nur bei 120 Euro. Steuern muss man generell erst ab einem Jahresverdienst von über 9984 Euro jährlich zahlen (Stand 2022).

Aufgabe 6: Lösungswort: ERBSCHAFT

																			m)↓	
							h)↓												K	
					l)↓		T												R	
					E		A		a)↓										A	
					N		B		R				n)↓						F	
	g)→	M	I	N	E	R	A	L	O	E	L		F						T	
					R		K		C		s)→	D	I	R	E	K	T		F	
			i)↓		G				K				N			k)↓			A	
			M		I				K				A			L			H	
			E	b)→	E	I	N	K	O	M	M	E	N	S	T	E	U	E	R	
d)→	L	O	H	N					N				Z			B			Z	
			R			c)↓			Z				A			E			E	
		p)	W	I	E	G	E		E				M			N			U	
			E			E		q)→	R	E	C	H	T			S			G	
j)→	W	A	R	E	N	W	E	R	T							M				
			T			E					r)→	I	N	D	I	R	E	K	T
				e)→	G	R	U	N	D							T				
						B			o)→	P	R	O	Z	E	N	T	S	A	T	Z
		f)→	S	C	H	E	N	K	U	N	G	S				E				
																L				

15. Außenwirtschaft

Aufgabe 1:
a) Schuhe, Stoffe und Bekleidung, Leder, Lebensmittel, Getränke, Tabak, Chemische Erzeugnisse, Kunststoffe, Schmuck, lebende Tiere usw.
b) Da Zölle die eingeführten Waren verteuern, werden weniger importiert. Die heimische Wirtschaft wird so vor Dumpingpreisen ausländischer Unternehmen geschützt.

Aufgabe 2:
a) Durch Zölle sollen inländische Unternehmen vor nicht erwünschter, ausländischer Konkurrenz geschützt werden, z. B. vor Waren aus Billiglohn-Ländern.
b) Bei Zöllen werden eingeführte Waren sich durch diese verteuern, bei Kontingenten darf nur eine festgelegte Anzahl bestimmter Waren eingeführt werden.
c) Staatliche Verordnungen sollen sicherstellen, dass importierte Waren den in Deutschland geltenden Umwelt- und Sicherheitsbestimmungen entsprechen.
d) Bei einer Aufwertung des Euro muss ein ausländischer Importeur nun mehr Geld für die eingeführten Waren bezahlen, sie werden für ihn teurer. Also wird er weniger kaufen und der Export aus Deutschland nimmt ab.
e) Urlaubsreisen ins Ausland werden billiger, denn die eigene Währung ist ja gegenüber der des Urlaubslandes mehr wert. Man bekommt also mehr ausländisches Geld für die eigenen Euro.
f) Der Anstieg des Gaspreises ist vor allem dadurch bedingt, dass Russland aufgrund der Sanktionen, die die EU-Staaten wegen des Ukraine-Krieges gegen Putin verhängten, immer weniger Gas nach Deutschland liefert. So muss in anderen Staaten teueres Gas eingekauft werden, was dann die Gas importierenden Firmen an die Verbraucher weitergeben.
g) Deutschland exportiert vor allem Autos, Chemieerzeugnisse, hochwertige Maschinen, Nahrungs- und Futtermittel, Süßwaren, Käse, Schweinefleisch.
h) Da diese Güter sehr gefragt sind und die Unternehmen bei deren Export gute Gewinne erzielen, wird eine positive Handelsbilanz durch diese Waren erzielt.

Aufgabe 3: Eine Tierart, nämlich die Elefanten, deren Stoßzähne aus Elfenbein sind, soll so geschützt werden. Mit dieser Verordnung soll verhindert werden, dass diese getötet werden, um ihre Zähne zu verkaufen. Sie zählen zu den bedrohten Tierarten.

Aufgabe 4: Das aus anderen Ländern eingeführte Fleisch wird darauf überprüft, ob in ihm Schadstoffe, Pestizide oder Antibiotika enthalten sind, was schädlich beim Genuss ist. In

KOHL VERLAG Wirtschaft ... Kurz, knapp und klar! – Bestell-Nr. 12 953

EU-Staaten gelten dafür einheitliche, strenge Regeln.

Aufgabe 5: Eine Aufwertung der Krone bedeutet, dass man nun weniger dänische Kronen für Euros bekommt, womit der Urlaub teurer werden wird.

Aufgabe 6: Nein, denn Polen ist ein EU-Land, das heißt, es gibt keine Zölle bei der Ein- und Ausfuhr von Waren, vgl. hierzu auch das nächste Kapitel. Auf die Einfuhr von Zigaretten aus einem Nicht-EU-Land muss man übrigens erst ab 800 Zigaretten Zoll errichten, so lautet die Vorschrift für Tabakwaren.

Aufgabe 7: Letztes Jahr bekam Apple für seine Smartphones umgerechnet 776 000 Dollar bei einem Kurs von 0,97. In diesem Jahr bekäme Apple 816 000 Dollar bei einem Kurs von 1,02, das Unternehmen hätte also seinen Umsatz um 40 000 Dollar erhöhen können.

Aufgabe 8: a) ➲ 6; b) ➲ 1; c) ➲ 7; d) ➲ 3; e) ➲ 12; f) ➲ 2; g) ➲ 10; h) ➲ 5; i) ➲ 8; j) ➲ 4; k) ➲ 9; l) ➲ 11

16. Die wirtschaftliche Bedeutung der Europäischen Union

Aufgabe 1: Ein- und Ausfuhren von Waren können schnell und zügig erfolgen, da es ja keine Abwicklungen an den Grenzen durch Zöllner gibt. So steht allen EU-Bürgern ein sehr großes Warenangebot zur Verfügung, was den Lebensstandard hebt. Da in allen Ländern der EU einheitliche Vorschriften gelten, wie Waren beschaffen sein müssen, können die Bürger sicher sein, z. B. schadstoffarme oder wirkliche Bio-Ware zu erhalten, egal in welchem EU-Land diese produziert wurde.

Aufgabe 2: Es gilt der Euro innerhalb der meisten EU Staaten, also eine einheitliche Währung, auch gibt es keine Zölle. So sind Auf- und Abwertungen ausländischer Währungen belanglos für den Warenverkehr innerhalb der EU-Staaten.

Aufgabe 3: a)

19 Lösungen

16. Die wirtschaftliche Bedeutung der Europäischen Union

Aufgabe 3: b) Die 19 Länder der Eurozone, die den Euro haben, sind:

Belgien, Deutschland, Estland, Finnland, Frankreich, Griechenland, Irland, Italien, Lettland, Litauen, Luxemburg, Malta, die Niederlande, Österreich, Portugal, die Slowakei, Slowenien, Spanien, die Republik Zypern.

Aufgabe 4: Individuelle Meinungen, z. B. Urlaub problemlos auf „Malle", Schüleraustausch und Kennenlernen fremder Kulturen, großes Warenangebot.

Aufgabe 5: Bürokratische Vorschriften in den EU-Staaten beeinträchtigen die Gründung neuer Unternehmen und damit die Schaffung neuer Arbeitsplätze. Bürger aus Staaten mit hoher Arbeitslosigkeit wandern in andere EU-Staaten ab, um dort Arbeit zu finden, was aber häufig nicht der Fall ist und sie so dann Sozialleistungen (z. B. Arbeitslosengeld 2) dieser Staaten bekommen, was dazu führen kann, dass dann Gelder zur Unterstützung der eigenen Bevölkerung fehlen. Andererseits kann der momentane Facharbeitermangel in Deutschland in bestimmten Branchen reduziert werden, denn durch die Freizügigkeit der Arbeitsplatzwahl kommen z. B. aus Italien und Spanien, wo es eine hohe Arbeitslosigkeit gibt, Fachkräfte in die BRD. Auch eher niedrig qualifizierte, befristete Jobs (beispielsweise Erntehelfer, Spargelstecher, Arbeiter in der Fleischindustrie ...), die Deutsche nicht annehmen wollen, können so besetzt werden.

Aufgabe 6: Vorteile: - Du verdienst mehr als bei einem vergleichbaren Job in Deutschland.
- Die Lebenshaltungskosten sind wesentlich niedriger als in Deutschland, z. B. für Essen, Restaurantbesuche, öffentliche Verkehrsmittel, Miete für die Wohnung. So bleibt monatlich mehr Geld übrig, als wenn man in der BRD lebt.

Nachteile: - Man muss Spanisch lernen, was schwierig sein kann und dauert.
- Es gibt andere Sitten und Gebräuche, an die man sich zuerst einmal gewöhnen muss.
- Man muss sich einen neuen Freundeskreis aufbauen.

17. Wirtschaft zusammengefasst

Aufgabe 1: a) - Die Einteilung der Bedürfnisse in Existenz-, Kultur- und Luxusbedürfnisse stellt dar, wie dringlich ihre Befriedigung ist. Daher muss eine Volkswirtschaft zuerst sicherstellen, dass ausreichend Waren und Dienstleistungen zur Befriedigung der Existenzbedürfnisse erzeugt werden, erst dann folgen Güter für die beiden anderen Bedürfniskategorien. Unternehmen, die Waren für die Existenzbedürfnisse produzieren, können sicher sein, dass diese fortlaufend immer wieder gekauft werden. Waren zur Befriedigung z. B. von Kulturbedürfnissen werden weniger gekauft, wenn die Bürger dafür zu wenig Geld haben, beispielsweise in einer Rezession. Mit dem Verkauf von Luxusgütern können Unternehmen pro Stück sehr viel Gewinn erzielen.
- Immaterielle Bedürfnisse z. B. nach Anerkennung, Liebe, Geborgenheit etc. sind mit Waren nicht zu befriedigen, nur mit dem eigenen Tun, daher ist mit diesen kein Geld zu verdienen und sie sind so für die Wirtschaft uninteressant.

b) Unter Bedarf sind die finanziellen Mittel zu verstehen, die einem zur Realisierung seiner Bedürfnisse zur Verfügung stehen. Der Bedarf begrenzt so die Realisierung der Bedürfnisse. Anders ausgedrückt: Je höher der Bedarf, desto mehr Bedürfnisse können befriedigt werden.

17. Wirtschaft zusammengefasst

Aufgabe 2: Die drei Produktionsfaktoren Boden, Arbeit und Kapital müssen so miteinander kombiniert werden, dass daraus ein Produkt entsteht.

- Aus dem Produktionsfaktor Boden werden die Rohstoffe gewonnen, aus denen Güter bestehen, z. B. Eisenerze, Kupfer, Aluminium, und er liefert auch die Energieträger wie Gas, Erdöl, aber auch Sonne und Wind, um etwas produzieren zu können. Für Landwirte ist der Boden die Fläche, auf der sie ihr Getreide anbauen.
- Um aus den Rohstoffen nun Güter zu produzieren, braucht man Arbeiter, worunter jede Art körperlicher bzw. geistiger Tätigkeit von Menschen verstanden wird, die damit ein Einkommen erzielen.
- Um ihrer Tätigkeit nachkommen zu können, benötigen die Arbeiter Werkzeuge, Maschinen, Roboter, Computerprogramme etc., die als Produktionsgüter bezeichnet werden. Für ein Unternehmen sind sie dessen Kapital. Der Produktionsfaktor Kapital darf aber nicht mit Geld gleichgesetzt werden. Geld ist nur dann Kapital, wenn es Unternehmer zur Finanzierung von Produktionsgütern verwenden, nicht aber, wenn damit Konsumgüter gekauft werden.

Aufgabe 3: a) Alle Betriebe, die Rohstoffe und Energie erzeugen, auch die Landwirtschaft, gehören zum primären Bereich. Die Betriebe, die die Rohstoffe zu Konsumgütern oder Produktionsgütern weiterverarbeiten, zählen zum sekundären Bereich. Im tertiären Bereich, auch Dienstleistungsbereich genannt, findet man Betriebe, die selbst keine Waren erzeugen, sondern nur Dienste für die Verbraucher leisten. Beispiele hierfür sind Supermärkte, Speditionen, die Deutsche Post, der Öffentliche Nahverkehr, das Gastgewerbe, das Gesundheitswesen, das Bildungswesen, Rechtsanwälte, Friseure etc. Unternehmen, die hochspezialisierte Dienstleistungen für andere Unternehmen bereitstellen, werden dem quartären Bereich zugeordnet. Beispielsweise Branchen, die sich mit der Erstellung, Verarbeitung und dem Verkauf von Informationen beschäftigen.

b) Hat ein Land viele Rohstoffe, wird der primäre Sektor dominieren, ist es ein rohstoffarmes, aber technologisch hochentwickeltes Land, wird der sekundäre Bereich am meisten zum BIP beitragen. Wird dieser Bereich immer mehr automatisiert und gewinnen dann über die Existenzbedürfnisse hinausgehende Bedürfnisse an Bedeutung, wird der tertiäre bzw. quartäre Bereich das BIP bestimmen.

Aufgabe 4: Am Wirtschaftskreislauf sind Haushalte, Unternehmen, Banken, der Staat und das Ausland beteiligt. Zwischen diesen laufen monetäre und reale Ströme.

- Monetäre Ströme sind Geldströme, die Haushalte oder Unternehmen dafür bekommen, dass sie real etwas getan oder geliefert haben; z. B. bekommt ein Arbeitnehmer Lohn für seine geleistete Arbeit, ein Unternehmer Geld durch den Verkauf seiner hergestellten Waren. - Unter Haushalten versteht man die Orte, wo konsumiert wird, unter Unternehmen, wo etwas hergestellt wird bzw. eine Dienstleistung erfolgt.
- Banken sind Kapitalsammelstellen, bei denen die Haushalte und Unternehmen ihr Geld sparen, wofür sie Zinsen bekommen, aber auch von Banken Kredite erhalten, wofür sie Zinsen zahlen müssen.
- Der Staat erhält von den Haushalten und Unternehmen Steuern, mit denen er Gemeinschaftsaufgaben finanziert, z. B. Straßen baut, den Öffentlichen Nahverkehr unterhält.
- Mit seinen Steuereinnahmen unterstützt der Staat auch bedürftige Haushalte durch Transferzahlungen, z. B. Arbeitslosengeld 2, Wohngeld, Kindergeld.
- Unternehmen erhalten Subventionen, z. B. Zahlungen, wenn durch Corona starke Einbußen erfolgten, Zahlungen zur Erhaltung von Arbeitsplätzen, Kredite, damit Unternehmen nicht pleitegehen.
- Der Staat ist auch für die Sozialversicherungen zuständig.
- Unter dem Ausland versteht man alle Unternehmen, die nicht in Deutschland ansässig sind, an die deutsche Unternehmen aber Waren verkaufen oder diese von ihnen beziehen.

Lösungen

17. Wirtschaft zusammengefasst

Aufgabe 5:

- Das BIP gibt an, wie groß die Wirtschaftskraft eines Landes ist, das heißt wieviel Güter und Dienstleistungen – bewertet zu ihren Verkaufspreisen – ein Land in einem Jahr produziert hat. So kann man vergleichen, ob mehr oder weniger produziert wurde als im vergangenen Jahr. Vergleicht man die BIPs einzelner Staaten miteinander, sieht man, in welchem Land die Bevölkerung sich die meisten Bedürfnisse befriedigen konnte, welches also am produktivsten wirtschaftete.
- Das BNP gibt an, wie hoch der Wert aller Waren und Dienstleistungen ist, die nur die Inländer, z. B. Deutsche, diese dafür aber auf der ganzen Welt erzeugten. Anhand dieses Wertes kann man die Produktivität einer Nation mit einer anderen vergleichen.

Aufgabe 6:

- Handelt man nach dem Minimalprinzip, wird der Konsument versuchen, für das zu erwerbende Gut so wenig wie möglich Geld auszugeben und bei dem Anbieter zu kaufen, der den billigsten Preis hat. Ebenso kauft ein Unternehmer die Rohstoffe zur Produktion seiner Güter bei dem Anbieter, der ihm den günstigsten Preis dafür macht.
- Beim Maximalprinzip versucht man, mit seinem zur Verfügung stehenden Einkommen möglichst viele Waren zu erwerben, so werden ständig die Preise der zu erwerbenden Waren miteinander verglichen. Handelt ein Unternehmer nach diesem Prinzip, wird er bei der Produktion seiner Waren versuchen, einen vorher festgelegten Betrag nicht zu überschreiten. Daher vergleicht er ständig die Preise von Zulieferern, denn er will ja mit seinem Budget möglichst viele Rohstoffe erwerben. Ein Unternehmen kann auch ständig versuchen, die Kosten der Produktion zu verringern, indem es beispielsweise eine neue CNC-Maschine anschafft, sodass nun in der gleichen Zeit wesentlich mehr zu geringeren Kosten produziert werden kann.
- Verhalten sich Haushalte nach diesen beiden Prinzipien, können sie sich mit ihrem Bedarf eine optimale Menge an Bedürfnissen befriedigen, Unternehmen optimieren so ihren Gewinn.

Aufgabe 7:

a) - Bei Kooperation bleiben die Unternehmen wirtschaftlich selbständig, verpflichten sich durch Verträge aber zur Zusammenarbeit. Sie vereinbaren z. B. gemeinsame Standards für ihre Waren, eine bestimmte Produktionsmenge nicht zu überschreiten oder schalten durch Preisabsprachen für ihre Produkte den Wettbewerb untereinander aus.
- Bei Konzentration geben Unternehmen ihre wirtschaftliche Selbständigkeit auf. Es erfolgen gegenseitige Kapitalbeteiligungen der Unternehmen, was als Konzern bezeichnet wird, oder die Unternehmen vereinigen sich, was als Fusion bezeichnet wird.

b) Die Ziele von Unternehmenszusammenschlüssen sind langfristig, die Gewinne zu maximieren, ihre Marktmacht auszubauen, Risiken beim Absatz der Waren zu minimieren und den Wettbewerb untereinander zu begrenzen bzw. auszuschalten.

Aufgabe 8:

Unter einem Markt versteht man einen Ort, an dem Anbieter von Gütern und Dienstleistungen und Nachfrager nach diesen aufeinander treffen und sich der Preis für diese bildet. Die Anbieter wollen einen möglichst hohen Preis für ihre Waren erzielen, um ihre Kosten bei der Herstellung zu decken und natürlich auch einen Gewinn zu erzielen. Die Nachfrager hingegen wollen möglichst wenig bezahlen, um so für ihr Einkommen möglichst viele Waren zu bekommen (vgl. Maximalprinzip). Sind den Nachfragern die Preise für eine Ware zu hoch, werden sie von dieser wenig kaufen, daher werden die Anbieter langfristig mit den Preisen heruntergehen. Sind Waren bei den Verbrauchern sehr gefragt, können die Anbieter deren Preise hochsetzen. Generell gilt: Sinkt der Preis, steigt die Nachfrage, steigt der Preis, geht die Nachfrage zurück. Nach einiger Zeit bildet sich ein Gleichgewichtspreis für die Waren auf einem Markt, das heißt: Alle, die zu diesem Preis eine Ware erwerben wollen, bekommen eine solche, alle, die zu diesem Preis ihre Waren verkaufen wollen, werden alle produzierten Waren los.

KOHL VERLAG Wirtschaft ... Kurz, knapp und klar! – Bestell-Nr. 12 953

19 Lösungen

17. Wirtschaft zusammengefasst

Aufgabe 9: Märkte versorgen die Bürger eines Landes mit Waren und Dienstleistungen. In der Bundesrepublik gibt es eine spezielle Form der Marktwirtschaft, nämlich die Soziale Marktwirtschaft. Der Staat greift bei dieser Wirtschaftsform in das Marktgeschehen ein, indem er beispielsweise bei der Produktion von Gütern aus Umweltschutzgründen Schadstoffgrenzwerte festlegt bzw. bestimmte Qualitätsstandards vorgibt (vgl. Bio-Produkte). Der Staat sichert seine Bürger bei Arbeitslosigkeit, Krankheit oder im Alter durch die gesetzliche Sozialversicherung ab. Er sorgt dafür, dass der Wettbewerb der Unternehmen untereinander fair verläuft und keine marktbeherrschenden Konzerne entstehen, die dann Preise „diktieren" könnten. Durch Subventionen werden Betriebe unterstützt, damit diese am Markt gegenüber den großen bestehen können; in Krisenzeiten können sie vom Staat Geldzuwendungen oder Kredite erhalten, damit sie nicht insolvent gehen. Der Staat schreibt auch eine Lohnuntergrenze vor und erlässt zum Schutz der Arbeitnehmer, z. B. im Falle einer Kündigung, Arbeitsschutzgesetze. Der Staat übernimmt Gemeinschaftsaufgaben, z. B. den Bau von Straßen, den Öffentlichen Nahverkehr, die Kosten für Schulen, Universitäten etc. Er besteuert höhere Einkommen stärker, um so eine gleichmäßigere Vermögensverteilung über die Bevölkerungsschichten zu erreichen.

Aufgabe 10:

- Preisniveaustabilität: Sie ist gegeben, wenn man für zu erwerbende Güter und Dienstleistungen höchstens 2 % mehr als im Vorjahr ausgeben muss.
- Hoher Beschäftigungsstand: Ein solcher liegt vor, wenn die Arbeitslosenquote unter 3 % liegt.
- Angemessenes und stetiges Wirtschaftswachstum: Dieses ist gegeben, wenn innerhalb eines Jahres das BIP um ca. 1-2 % zugenommen hat.
- Außenwirtschaftliches Gleichgewicht: Waren und Dienstleistungen, die deutsche Firmen ins Ausland exportieren, sollen in etwa denen entsprechen, die importiert werden. Ermittelt wird das anhand der Preise für die Waren.
- Umweltschutz: Der Staat schreibt den Firmen per Gesetz vor, welche Grenzwerte bei der Produktion von Gütern einzuhalten sind. Er fördert Maßnahmen der Unternehmen durch Geldzuwendungen, wenn diese bei der Produktion erneuerbare Energien einsetzen, den CO_2-Ausstoß reduzieren, ihre Waren aus recycelten Rohstoffen fertigen etc.
- Gerechte Einkommens- und Vermögensverteilung: Reichere Bürger werden höher besteuert, weniger Begüterte erhalten staatliche Unterstützungen, z. B. Arbeitslosengeld 2, Wohngeld, BAföG, Kindergeld etc.

Aufgabe 11: Unter Konjunktur versteht man das Auf und Ab des BIP. In der Phase der Expansion steigt die Nachfrage, die Unternehmen produzieren demgemäß mehr und machen mehr Gewinne, die Preise steigen langsam an, die Arbeitslosenzahlen gehen zurück, die Löhne steigen langsam, die Aktienkurse an der Börse ebenso. Im Boom übersteigt die Nachfrage das Angebot, die Unternehmen machen hohe Gewinne, die Inflationsrate steigt. Die Arbeitslosenzahlen sind sehr gering, die Löhne steigen weiter, die Aktienkurse ebenso. In der Rezession haben die Unternehmen Absatzschwierigkeiten, die Preise gehen zurück, die Gewinne schrumpfen, Arbeitskräfte werden entlassen, die Aktienkurse an den Börsen fallen. Ist eine Depression gegeben, kaufen die Haushalte nur noch das Nötigste, die Unternehmen haben starke Absatzschwierigkeiten und senken daher die Preise noch weiter, ihre Gewinne gehen stark zurück, etliche Betriebe machen Konkurs. Die Arbeitslosenquote ist auf einem Höchststand, die Aktienkurse sind sehr niedrig.

Lösungen

17. Wirtschaft zusammengefasst

Aufgabe 12: a) Er vergibt Aufträge an Unternehmen, z. B. zur Erneuerung von Straßen, um so weiteres Wirtschaftswachstum zu erreichen. Er stellt neue Mitarbeiter für seine Verwaltungsaufgaben ein. Er verringert so die Arbeitslosenzahlen und Beschäftigte haben wieder mehr Geld, um Nachfrage ausüben zu können. Er erhöht Transferzahlungen, damit wird der gleiche Effekt erreicht. Er senkt für bestimmte Produkte die Mehrwertsteuer, so wird deren Nachfrage steigen.

b) Staatsaufträge an Firmen verschieben, um die Inflation zu drosseln. Steuererhöhungen bzw. Erhöhung der Sozialversicherungsabgaben, um Kaufkraft abzuschöpfen. Höhere Besteuerung der Gewinne.

Aufgabe 13: a) Durch Zölle auf Importe soll die heimische Wirtschaft vor Konkurrenz aus sogenannten Billiglohn-Ländern geschützt werden, damit derartige Produkte nicht ihren Absatz verringern. Werden Zölle auf Exporte erhoben, will der Staat verhindern, dass von diesen Warengruppen im eigenen Land zu wenig Ware vorhanden ist.

b) Es erhebt nun auch Zölle bzw. erhöht diese auf Waren, die aus diesem Land bei ihm eingeführt werden, um so Druck auszuüben, die Erhöhung wieder zurückzunehmen.

c) Kontingente beschränken die Einfuhr bestimmter Waren generell. Bei Zöllen kann es durchaus sein, dass trotz dieser viele Waren ins Land kommen, falls diese sehr begehrt sind, z. B. neue, selbstlernende Roboter für den Produktionsprozess

Aufgabe 14: - Eine einheitliche Währung bedeutet, es gibt keine Auf- oder Abwertungen, wie es bei ausländischen Währungen möglich ist, so ist ein stetiger unkomplizierter Warenaustausch gegeben. Die Unternehmen können so langfristig ihre Preise kalkulieren, was letztlich zu einer Stabilität aller Wirtschaften der EU-Staaten führt.

Aufgabe 15: a) Falsch: Es fehlt die Unterscheidung zwischen individuellen und kollektiven Bedürfnissen bei deren Befriedigung.

b) Richtig c) Richtig d) Richtig

e) Falsch: Sie hängt zuerst einmal von der Ausbildungsqualität der Arbeitnehmer für ihren Job ab.

f) Richtig.

g) Falsch: Als Kapital wird nur das angesparte Geld bezeichnet, das für Produktionsgüter verwendet wird.

h) Falsch: Der quartäre Bereich beinhaltet nicht alle Dienstleistungen, sondern nur diejenigen, welche hochspezialisierte Kenntnisse ihrer Beschäftigten voraussetzen.

i) Falsch: Nicht das BNP wird so definiert, sondern das BIP.

j) Richtig

k) Falsch: Transferzahlungen bekommen nur die Haushalte, z. B. Wohngeld.

l) Richtig

m) Falsch: Es handelt sich dabei um das Maximalprinzip.

n) Richtig

o) Falsch: Die Zinsen für den Kredit kommen bei der Tilgung noch hinzu.

p) Richtig q) Richtig

r) Falsch: Wenn Unternehmen gegenseitige Kapitalbeteiligungen eingehen, ist damit ein Konzern gegeben. Schließen sie sich zu einem neuen zusammen, ist das eine Fusion.

Lösungen

17. Wirtschaft zusammengefasst

Aufgabe 16:

a) Richtig b) Richtig
c) Falsch: Je höher der Preis, desto niedriger das Angebot, je niedriger der Preis, desto größer das Angebot.
d) Richtig
e) Falsch: Die Bundesanstalt für Statistik gibt es nicht, die Ermittlung erfolgt durch das Statistische Bundesamt.
f) Richtig g) Richtig
h) Falsch: Die Aktienkurse fallen.
i) Falsch: Die Arbeitslosenquote muss unter 3 % liegen.
j) Richtig k) Richtig
l) Richtig.
m) Falsch: Der Schutz wird erreicht, wenn Zölle auf importierte Waren erhoben werden.
n) Falsch: Das einführende Unternehmen im Ausland muss nun mehr an eigener Währung für die Waren bezahlen als vorher.
o) Richtig p) Richtig
q) Falsch: Der Staat zahlt das Geld nicht im nächsten Jahr zurück, sondern legt dafür unterschiedliche Zeitpunkte fest, wann die Rückzahlung erfolgen soll. Mit der Schuldenbremse haben Anleihen nichts zu tun.

18. Wirtschaft aktuell

Aufgabe 1: a) ➲ 6; b) ➲ 13; c) ➲ 2; d) ➲ 12; e) ➲ 4; f) ➲ 11; g) ➲ 10; h) ➲ 7; i) ➲ 9; j) ➲ 5; k) ➲ 8; l) ➲ 1; m) ➲ 3

Aufgabe 2: Umsatzrückgang durch weggebrochene Absatzmärkte, Produktionsausfälle durch fehlende Rohstoffe und Vorprodukte und hohe Energiekosten stellen für viele Unternehmen eine starke finanzielle Belastung dar. Sie können daher beim Wirtschaftsminister zeitlich befristete Zuschüsse beantragen oder sich zinsgünstige Kredite bei ihren Hausbanken holen. Für diese haftet der Staat, können sie diese innerhalb der vorgegebenen Zeit nicht oder nur teilweise zurückzahlen.

Aufgabe 3: Als Schuldenbremse bezeichnet man eine verfassungsrechtliche Regelung, die der Regierung verbindliche Vorgaben macht, ihre Schulden zu reduzieren bzw. keine neuen einzugehen. Sie soll dafür sorgen, dass der Staat sparsam mit seinem Geld umgeht und dass zukünftige Generationen nicht durch alte Schulden zu stark belastet werden. Durch die Zuwendungen würde der Staat mehr Geld ausgeben müssen und so neue Schulden machen.

Aufgabe 4: d) ➲ f) ➲ b) ➲ h) ➲ a) ➲ g) ➲ e) ➲ i) ➲ c)

Aufgabe 5: Immer mehr Sparguthaben mussten die Bürger auflösen, um die gestiegenen Preise für die Lebenshaltung begleichen zu können. Durch die Zinserhöhung hoffen die Banken, einen Anreiz zu geben, doch wieder zu sparen bzw. die Sparguthaben nicht aufzulösen.

Aufgabe 6: Die Mehrwertsteuer auf Gas wird auf 7 % reduziert. Die Preise für Strom dürfen nicht mehr höher als 180 Euro pro Megawattstunde betragen. Momentan liegt der Preis bei 315 Euro. So haben Unternehmen der Energiebranche bisher hohe Gewinne erzielt. Einen Teil davon sollen sie in Form einer Übergewinnsteuer an den Staat abführen. Unternehmen mit einem hohen Gasverbrauch können Subventionen beantragen, wenn sie durch die hohen Gaspreise in Schwierigkeiten geraten. Die Haushalte werden nachdrücklich zum Gassparen aufgefordert. Sie bekommen eine finanzielle Unterstützung, wenn sie das tun, allerdings nur bis zu einer bestimmten Höhe des Gasverbrauchs. Finanziert werden soll die Deckelung der Gas- und Strompreise durch Steuergelder aus einem Sonderhaushalt.

19 Lösungen

Aufgabe 7: Diese Berufsgruppen haben Schichtarbeitszeiten und werden nicht unbedingt hoch entlohnt, außerdem sind diese Jobs häufig mit Stress verbunden, auch bedingt durch zu wenig Arbeitskräfte. So sind im Laufe der Zeit die Arbeitnehmer in andere Berufe abgewandert, in denen die genannten Bedingungen weniger gegeben sind.

Aufgabe 8: a) Mit dem gleichen Einkommen kann ich weniger Waren als in den letzten Jahren erwerben. Verantwortlich dafür ist der schnelle Anstieg der Inflationsrate und nur moderate Lohnerhöhungen.

b) Kulturbedürfnisse und Luxusbedürfnisse, weil deren geringere Befriedigung nicht existenzgefährdend ist. Beispiele: Kauf von teurer Markenkleidung, Restaurantbesuche, Urlaubsreisen, Kauf eines neuen Autos.

Aufgabe 9:

- Betriebe mit einem hohen Energieverbrauch bei der Herstellung ihrer Waren, denn Energie ist überproportional teurer geworden.
- Durch den Teilausfall von Nahrungsgrundstoffen, z. B. von Weizen – bedingt durch den Ukraine Krieg, sinkt das Angebot in diesem Bereich. In beiden Fällen steigen die Preise der Waren. So wird insgesamt weniger Umsatz erreicht.

Aufgabe 10: 1 ➲ 10; 2 ➲ 6; 3 ➲ 9; 4 ➲ 7; 5 ➲ 8

Aufgabe 11: Subventionen, beispielsweise in Form von Zuwendungen oder Krediten, sollen verhindern, dass Unternehmen wegen der hohen Energiekosten Gewinneinbußen erleiden oder pleitegehen. So sollen auch Arbeitsplätze erhalten bleiben. Durch Erhöhung der Transferzahlungen, z. B. ein höheres Wohn- oder Kindergeld, soll die Kaufkraft der Haushalte gestärkt werden. Dafür ist natürlich an erster Stelle ein gesicherter Arbeitsplatz wichtig. So können sie wieder mehr Waren kaufen und die Unternehmen erhöhen ihren Umsatz.

Aufgabe 12: Sie lassen Waren in den Ländern herstellen, wo die Produktionskosten am günstigsten sind, z. B. wegen billiger Arbeitskräfte, und transportieren sie dann z. B. nach Deutschland, wo sie sie mit hohem Gewinn verkaufen. So können sie Preissteigerungen ihrer Waren in Grenzen halten, werden mehr Waren absetzen und ihre Gewinne werden trotz der hohen Inflationsraten steigen.

Aufgabe 13: Sie sollte die Steuern senken, vor allem für einkommensschwache Bevölkerungsgruppen, damit diese so mehr Kaufkraft bekommen. Bei Reichen kann die Einkommensteuer jedoch erhöht werden, um damit diese Steuerausfälle zu reduzieren.
Die Mehrwertsteuer für Gas sollte gesenkt werden, damit mehr Kaufkraft für andere Waren verbleibt.

Aufgabe 14: Das Maximalprinzip, denn es kommt bei der hohen Inflation darauf an, bei den günstigsten Anbietern zu kaufen und somit beständig die Preise für Waren, die man erwerben will, zu vergleichen. So kann man sich mit dem verfügbaren Einkommen mehr Waren leisten. Die Unternehmen können mit diesem Prinzip ihre Kosten bei der Herstellung von Waren senken, so brauchen sie die Preise nur mäßig anheben und werden sich im Wettbewerb mit ihren Konkurrenten besser behaupten können.

Aufgabe 15:

- Kaufe ich eine Ware sofort zu dem zu diesem Zeitpunkt festgelegten Preis, ohne sie gleich bezahlen zu müssen, kann ich sie günstiger erwerben. Wenn nämlich die Inflationsrate ständig weiter ansteigt, müsste ich zu einem späteren Zeitpunkt für die gleiche Ware mehr bezahlen.
- Die Anbieter bekommen so mehr Käufer für ihre Waren und können ihren Umsatz wahrscheinlich etwas erhöhen. Der gleiche Grund gilt auch für Teilzahlungskäufe.

Aufgabe 16: Wegen fehlender Rohstoffe und der hohen Inflationsrate sind die Gewinne der Unternehmen zurückgegangen, auch wird eine Rezession erwartet. So haben viele ihre Aktien verkauft, was zu einem Fallen der Kurse geführt hat, natürlich auch von den Unternehmen, die im Dax gelistet sind.